축구 전쟁

축구의 또 다른 이름 **전쟁**

축구 전쟁
축구의 또 다른 이름 전쟁

초판 1쇄 발행 | 2018년 6월 15일

지은이 | 윤동일

발행인 | 김지연
교열교정 | 이현주
디자인 | 최현주(hjchoi69@hanmail.net) · 호기심고양이

발행처 | 아테출판사
등록 | 2014년 4월 17일
연락처 | 010-9438-4816
이메일 | sameyun9@naver.com

이 도서의 국립중앙도서관 출판예정도서목록(CIP)은 서지정보유통지원시스템 홈페이지 (http://seoji. nl.go.kr)와 국가자료공동목록시스템(http://www.nl.go.kr/kolisnet)에서 이용하실 수 있습니다. (CIP제어번호 : CIP2018015640)

ⓒ2018 Dongil Yun
All rights reserved. No part of this publication may be reproduced.
Stored in a retrieval system or transmitted, in any form
or by means, electronic, mechanical, photocopying, recording
or otherwise, without the prior permission of Dongil Yun.

이 책의 저작권은 작가에게 있습니다. 저작권법에 의해 보호를 받는 저작물이므로 무단복제 금합니다.

가격 18,000원
ISBN 979-11-952772-3-0

호모 워리어스 시리즈 Ⅱ. WAR vs FOOTBALL

축구 전쟁
축구의 또 다른 이름 전쟁

윤동일 지음

책머리에

전사(戰士)로 태어난 인간,
호모 워리어스(Homo Warriors)!

우리가 미처 인지하지 못하고 있지만, 현대인들은 인생의 거의 모든 이슈를 전쟁과 연관 지어 표현한다. 고된 하루하루를 '전쟁' 혹은 '난리亂離(전쟁이나 천재지변에 의한 극도의 혼란 상태를 일컫는 말)'에 빗대어 말하는가 하면, 매우 좋다는 뜻조차도 '끝내준다' 또는 '죽여준다' 등 전쟁에서나 나올 법한 폭력적인 단어들을 서슴지 않고 사용한다. 처음 의도한 대로 일이 풀리지 않을 것에 대비해 '우발계획Contingency plan'을 준비하면서, 이를 독일의 철혈재상 비스마르크Bismark의 이름을 따 '플랜 비Plan-B'라 부르기도 한다. 절대 허용해서는 안 되는 한계를 강조할 때도 2차 세계대전 당시 독일의 기습공격에 대비해 만든 난공불락의 요새 '마지노 라인Maginot line'에 비유한다. 에베레스트에 오를 때도 '정상 공격'이나 '정상 공략'으로 표현하는데, 군대의 주둔지나 숙영지를 뜻하는 '베이스캠프Base camp'의 위치에 따라 전쟁의 승패가 좌우되기도 한다.

현대인의 일상은 전쟁과 촘촘히 연결돼 있다. 우리는 과거 전사들에게 제공됐던 음식을 먹고, 그들의 옷을 걸치며, 전투기를 만든 첨단 과학기술로 무장한 자동차를 타고, 전쟁에서 개발된 컴퓨터에 무수히 많은 명령을 입력하고 그 결과를 보고받으며(쿼리 앤 리포트 Query & Report) 전쟁이 만든 문명의 이기 속에서 하루하루를 살아간다. 예외 없이 매일 벌어지는 출근 전쟁을 치러야 하고, 입시 전쟁에서 살아남아야 하며, 학업을 마친 후에는 취업 전쟁에 출전하고, 은퇴 후에는 노후나 인생 2·3막을 위해 새로운 창업 전쟁에 뛰어들어야 한다. 남녀 간의 사랑도 전쟁이다. 사랑하는 사람과도 '신경전'이나 '주도권' 싸움을 하고 다른 수컷, 암컷과의 경쟁에서 이겨야 애인도 지키고 자손을 얻을 수 있다. 한마디로 현대인들은 불행하게도 '전쟁 같은 인생'을 살면서 세계 평화와 행복을 추구해야 하는 두 얼굴을 지닌 것이다.

인생 자체가 치열한 전쟁인데 다른 것이라고 별수 있겠는가? 전쟁과 전혀 관련 없어 보이는 예술이나 놀이에도 전쟁은 어김없이 숨어 있다. 조국을 위해 생명을 바친 위대한 전사들의 용기와 상무정신은 노래와 그림, 춤의 형태로 재현돼 길이 칭송받는다. 그뿐인가. 시공을 초월해 남녀노소가 즐기는 장기나 체스는 기물만 봐도 알 수 있듯 용병술을 터득하기 위한 왕족들의 '전쟁 시뮬레이션 놀이'였다. 한때 전자오락실을 주름잡았던 무수한 아케이드 게임 역시 치열한 전투장면을 연상케 하며, 장교훈련을 위해 고안된 도상전쟁연습Kriegspiel은 장난감 병정놀이와 보드게임, PC게임과 전략 시뮬레이션의 조상이라고 해도 과언이 아니다. 뿐만 아니다. 우리가 입는 옷, 먹고 자는 것들 곳곳에 전쟁의 흔적이 선명하다. 현대인의 필수품이 된 휴대전화와 컴퓨터, 인터넷, IT 산업 역시 하나같이 전쟁이 만든 산물들이다.

경제적 이윤을 추구하는 기업 생태계에서도 '비즈니스=전쟁'이라는 질서가 굳어진 지 오래다. 두 번의 세계대전이 끝난 후 유사 이래 처음으로 공급이 수요를 앞지른 1960년대에 기업들은 과잉경쟁에서 살아남기 위해 곳곳에서 보이지 않는 전쟁을 치러야 했다. 경영학자들은 이런 상황을 필연으로 인식하고 경제학에 전쟁논리를 도입했다. 한정된 시장에서 정해진 파이를 두고 기업들은 전쟁을 불사해왔다. 더 넓은 시장을 점령(경제 용어로 '시장 점유Market Share'라고 한다)하기 위해 늘 마케팅 전쟁을 치르고, 우수한 직원을 확보하기 위해, 더 정확히 표현하면 그들을 경쟁사에 빼앗기지 않기 위해 양보 없는 인재 전쟁에 뛰어들기도 한다. 국가도 마찬가지다. 세계 곳곳에서 무수한 경제·외교전쟁을 치르고 있고, 대내적으로도 테러, 부정부패, 범죄, 마약, 매춘, 폭력 등 소위 사회악과도 끊임없이 전쟁을 하고 있다. '장군'이나 '장군의 術'을 의미했던 '전략戰略'이란 군사용어도 분야를 초월해 국가, 기업, 개인이 모두 사용하는 일상용어가 됐다. 뿐만 아니다. 전쟁에서 승리해 역사를 바꾼 전쟁영웅들은 국가와 사회 여러 분야의 롤모델이 됐고, 전투조직은 다양한 사회조직의 중요한 단초를 제공했으며, 각종 전쟁기술과 노하우들이 이미 오래전부터 보편적으로 활용되고 있다.

우리가 사는 이 지구는 온통 '전쟁터'임에 틀림없다. 한 개인 차원에서 나아가 사회 여러 분야, 국가에 이르기까지 온 세상에 DNA처럼 숨어 있는 전쟁의 모습은 스포츠 영역에서도 크게 다르지 않다. 4년마다 지구촌을 하나로 만드는 올림픽이나 월드컵 같은 스포츠 제전들은 언제부터 전쟁 같은 스포츠(스포츠 전쟁), 전쟁 같은 축구(축구 전쟁)가 됐는지 기억을 더듬기조차 어렵다. 단언컨대 스포츠는 전쟁에서 기원했다고 보는 것이 옳다.

스포츠는 태어날 때부터 전쟁과 쌍둥이였다. 현대 올림픽과 스포츠의 원형인 고대 올림픽 종목들은 전투상황을 가정한 스포츠 Combat-oriented Sport였다. 짐작건대 독자들은 고대 올림픽 종목들이 오늘날 우리가 즐기는 모습과 상당히 달랐다는 점에 적잖이 놀랄 것이다. 올림픽의 꽃으로 불리는 마라톤은 실제 전쟁에서 '절체절명의 순간에 지휘관의 명령을 전달하는 전령傳令이 죽을힘을 다해 달렸던 전투'에 이름 Battle of Marathon을 딴 것이다. 축구 또한 전쟁의 필요에 의해 고안된 군사훈련 종목이었다. 조직의 전투기술을 완성하고, 동시에 전사의 투지와 정신력을 고양하기 위해 로마제국을 비롯해 세계열강의 군대에서 정책적으로 장려했던 종목이 바로 축구였다. 고대의 축구는 오늘날과 전혀 달랐다. 축구의 탄생과 성장의 비밀을 안다면 불과 1백 년 만에 세계를 지배한 축구의 폭발력을 이해하는 것은 물론 '축구 없이 살 수 없는 현대인 Homo Soccers'의 개념에도 공감하게 될 것이다.

오늘날 세계 각국을 대표하는 선수들은 단순한 스포츠 선수들이 아니다. 그들은 각 나라의 국운을 책임진 전차군단, 무적함대, 사자군단, 아주리군단의 전사들이다. 우리의 '태극전사'들도 종목에 상관없이 숙적 일본과의 경기에서 이기면 '대첩大捷'이라 하고, 지면 '참사慘事'로 표현한다. 축구 마니아가 아니더라도 1987년의 '동경대첩'을 필두로, '삿포로 대참사(2011)', '카디프 대첩(2012)' 그리고 '또 다시 도쿄대첩(2017)'으로 이어지는 숙명의 한일전 역사를 잘 기억한다. 우리는 그들에게 나라 상징을 새긴 특별한 유니폼을 입혀 단순한 스포츠 '선수Player'가 아니라 '전사Warriors'로 부르고, 대규모 서포터를 조직해 스탠드 전쟁을 벌인다. 이런 대결구도는 경기장을 넘어 후원하는 기업과 전 국민으로 확산돼 온 세계가 축구전쟁으로 열병을 앓게 만든다.

이 밖에도 전쟁과 관련된 사례는 무수히 많다. 오히려 전쟁과 무관한 사례를 찾아보는 쪽이 오히려 더 쉬울지도 모를 일이다. 인간을 둘러싼 모든 것이 전쟁에서 비롯하지 않은 게 없다. 굳이 유명한 학자들의 말을 인용하지 않더라도 전쟁은 인류가 창조한 '만물 생성의 근원'인 동시에 '인류의 훌륭한 사부師父'임에 틀림없다.

아직도 자신은 전쟁과 전혀 관련 없다고 믿는 대부분의 사람들에게 그럼에도 불구하고 "전쟁은 당신들에게 관심이 아주 많다"는 메시지를 전하고 싶다. 군인이 아니더라도 전쟁 연구는 필수라고 주장한다면 궤변으로 들릴지 모르겠다. 그러나 오해가 없어야 할 것이 하나 있다. 이 책에 임하는 필자의 입장이 무작정 전쟁을 미화하거나 맹신하자는 것이 아니다. 그저 사회현상을 이해하는 여러 관점들 가운데 전쟁이 우리가 그동안 보지 못했거나 소홀했던 사실들을 일깨워 주고 유용한 관점을 제시할 수 있다는 점이다. 역설적이지만 원래 전쟁을 의미하는 '무武'의 의미를 잘 살펴보면 전쟁의 중요한 기능과 역할을 알 수 있다. 무武는 대표적인 전쟁무기인 창을 뜻하는 '과戈'와 그칠 '지止'가 합쳐진 말로, 이를 연결해 보면 '창 쓸 일이 없도록 하는 것'이 본래의 의미이다. 전쟁이 없는 세상을 위해 존재하는 직업이 군인이고, 필자는 그저 절대 거역할 수 없었던 전쟁에 나가 생명을 걸고 싸우다 장렬히 죽은 선배 군인들의 이야기를 하고 싶었을 뿐이다. 어린 시절 아버지의 자전거에 실려 육군사관학교를 찾은 한 소년이 청년이 되어 군인의 길을 택했고, 이제 나이 들어 얼마 남지 않은 길을 정리하며 마지막 남은 힘을 쏟은 이 신성한 글에 그 어떤 천박한 의도나 꾸밈은 없다.

이 책은 전쟁의 관점에서 세상을 읽는 몇 가지 가운데 첫 번째 시도다. 인간은 태어날 때부터 전사였고, 사는 동안 전쟁을 업으로 살다가 더 이상 힘이 없을 때까지 싸우다 죽는다는 의미로 '호모 워리어스Homo Warrior'라는 큰 제목을 붙였다. 앞으로 출간하는 책들도 모두 이 제목(표지 중앙의 방패) 아래 모이게 될 것이다.

인간에게 전쟁은 아주 각별한 이슈다. 한때 축구선수였던 군인의 시각에서 본 스포츠 이야기를 통해 과거와 현재와 미래를 관통하는 중대한 흐름을 꿰뚫어보고, 그 흐름 속에 숨은 실체에 좀 더 가까이 다가가고자 한다. 당신이 눈치 채지 못했더라도 전쟁은 이미 오래 전부터 우리 곁에 비밀스럽게 존재해 왔다. 전쟁과 스포츠를 에워싼 거대한 흐름을 읽고 미래에 대한 단서를 얻는 즐거움을 책 속에 펼쳐놓은 다양한 증거들 속에서 찾아보시라!

반문농부班門弄斧의 두려움을 뒤로하고 어렵게 결심한 이 작은 시도가 가까운 미래에 영민한 후학들에게 새로운 통찰과 혜안을 제공하는 돌 하나를 놓을 수만 있다면 좋겠다. 바라건대, 직업군인의 건전한 전쟁관과 상무尙武 기질(본문에는 '전투성戰鬪性'으로 표현했다)을 함양하고, 군대체육의 저변을 확산하는 데 일조한다면 더할 나위 없는 기쁨이겠다. 아울러 국방부 시계만 보며 하루를 사는 의무복무자들에게도 보람 있는 군생활의 계기가 되기를 바란다. 나아가 전쟁으로부터 사회와 국가에 유용한 '뜻밖의 발견Serendipity'을 꿈꾸는 건 과한 욕심인지 모르겠다.

차례

책머리에
05 전사(戰士)로 태어난 인간, 호모 워리어스(Homo Warriors)!

1 이야기를 시작하며

20 한시도 축구를 떠나서는 살 수 없는 축구하는 인간, 호모 사커스(Homo Soccers)!

2 축구는 영국에서 처음 시작한 것인가?

29 **1 동양의 공놀이**
29 ① 중국의 츄슈(Cuju)
30 ② 한국의 축국(蹴鞠)
32 ③ 일본의 게마리(Kemari)

34 **2 서양의 공놀이**
34 ① 그리스의 에피스키로스(Episkyros)
35 ② 로마의 하르파스툼(Harpastum)
37 ③ 영국의 슈로브타이드 풋볼(Shrovetide Football)
39 ④ 아일랜드의 게일릭 풋볼(Gaelic Football)
40 ⑤ 이탈리아의 칼치오(Calcio)
42 ⑥ 프랑스의 술(la Soule)

44 **3 중세 축구, 잉글랜드 로열 슈로브타이드 풋볼(Royal Shrovetide Football)**
46 ① 헨모어 강(Henmore River)의 격전장
47 ② 12:00, 최후의 만찬
48 ③ 13:50, 전쟁터로
48 ④ 14:00, 드디어 결전
49 ⑤ 22:00, 마침내 집으로
51 ⑥ 단 7개의 경기 규칙
53 ⑦ 그 밖의 것들

56	**4 전쟁이 잉태한 스포츠, 축구**
56	① 서양축구의 전투성
58	② 동양축구의 전투성
62	③ 전쟁과 함께 진화한 축구
64	**5 축구 기원설, 그 오랜 논란의 끝**

3 축구 라이벌 전쟁

68	**1 전쟁 같은 라이벌전, 더비(Derby)**
70	**2 세계의 더비**
70	① 스페인의 엘 클라시코(El Clasico)
73	② 스코틀랜드의 올드펌 더비(Old Firm Derby)
74	③ 잉글랜드의 머지사이드 더비(Merseyside Derby)
75	④ 잉글랜드의 레즈 더비(Reds Derby)
76	⑤ 독일의 레비어 더비(Revierderby)
77	⑥ 이탈리아의 밀란 더비(Milan Derby)
78	⑦ 아르헨티나의 수페르 클라시코(El Super Clasico)
79	⑧ 터키의 이스탄불 더비(Istanbul Derby)
80	⑨ 세르비아의 베오그라드 더비(Belgrade Derby)
81	⑩ 대한민국의 슈퍼 매치(Super Match)
82	⑪ 세계 최초의 더비
84	**3 대한민국의 더비**
84	① 일제에 항거한 더비
90	② 실현되지 못한 한반도 더비
92	③ 좀 더 특별했던 군(軍) 더비
98	④ 기분 좋은 더비, 코리안 더비(Korean Derby)
102	**4 세계 축구를 이끈 전쟁 같은 더비**

4 '등번호 12번' 선수들의 살벌한 전쟁

107　1 현대 서포팅의 시작

109　2 국가대표 서포터
109　　① 잉글랜드의 풋볼서포터 페더레이션(Football Supporters' Federation)
112　　② 스코틀랜드의 타탄아미(Tartan Army)
113　　③ 아일랜드의 RISSC(The Republic of Ireland Soccer Supporters Club)
115　　④ 독일의 그라운드 후퍼스(Ground Hoopers)
116　　⑤ 이탈리아의 울트라(Ultras)
117　　⑥ 네덜란드의 오렌지 후터스(Orange Hooters)
118　　⑦ 브라질의 카나리아 군단
119　　⑧ 미국의 샘스아미(Sam's Army)
120　　⑨ 일본의 울트라 니폰(Ultra Nippon)
121　　⑩ 중국의 치우미(球迷)
122　　⑪ 대한민국의 붉은 악마(Red Devils)

124　3 서포팅 전쟁
125　　① 페루의 리마 축구 폭동(Lima Football Riot)
126　　② 아르헨티나의 푸에르타 도세 참사(Puerta 12 Disaster)
127　　③ 스코틀랜드의 아이브록스 참사(Ibrox Disaster)
128　　④ 잉글랜드의 헤이젤 참사(Heysel Stadium Disaster)
131　　⑤ 잉글랜드의 힐스보로 참사(Hillsborough Disaster)
132　　⑥ 벨기에의 샤를레러 난동(Charleroi Stadium Riot)
134　　⑦ 가나의 아크라 참사(Accra Sports Stadium Disaster)
135　　⑧ 이탈리아의 시칠리아 참사(Sicilian Derby Riot)
136　　⑨ 이집트의 포트사이드 참사(Port Said Stadium Clashes)

139　4 훌리건(Hooligan) 대 롤리건(Rolligan)의 한판 승부
139　　① 축구의 대형 참사 일지
141　　② 도(度)를 넘어선 서포터, 훌리건(Hooligan)
144　　③ 조용하고 질서정연하지만 열정적인 서포터, 롤리건(Rolligan)

147　5 전장에서 태어난 서포터(Supporter)
147　　① 중세 토너먼트(Tournament)
149　　② 고대 검투경기(Gladiator Fight)

5 축구상징 전쟁

158　1 전쟁에서 벤치마킹한 축구상징

162　2 축구 엠블럼 전쟁
162　　① 최초의 엠블럼
163　　② 잉글랜드의 삼사자
165　　③ 독일의 독수리
166　　④ 스페인
166　　⑤ 프랑스의 수탉
168　　⑥ 이탈리아
169　　⑦ 일본의 삼족오
170　　⑧ 대한민국의 백호

171　3 축구 마케팅 전쟁

179　4 상징성의 끝판 왕, 축구

6 전쟁 유발자, 축구

182　1 오랜 굴묘편시의 축구 역사

188　2 전쟁을 부른 특별한 킥, 보반 킥(Boban's Kick)

192　3 전쟁을 부른 특별한 축구경기, 축구전쟁(Soccer War)
192　　① 1차전 '도발'
193　　② 2차전 '보복'
194　　③ 3차전 '전쟁'

196　4 물러설 수 없는 숙명의 한판 승부, 한일 축구전쟁
196　　① 도하의 기적(1993년)
197　　② 도쿄대첩(1997년)
199　　③ 삿포로 참사(2011년)
201　　④ 카디프대첩(2012년)
202　　⑤ 어게인 도쿄대첩(2017년)

7 전쟁의 축소판, 축구

- 206　1 제국을 건설한 로마군 군사훈련
- 208　2 전쟁 방식을 닮은 스포츠
- 213　　① 독일 전차군단
- 214　　② 이탈리아 아주리군단
- 215　　③ 스페인 무적함대
- 216　　④ 잉글랜드 삼사자군단
- 218　3 축구로 전략·전술을 연습하다
- 219　　① 피아(彼我) 분석에서 시작하라
- 221　　② 나와 상대를 아는 것 외에 환경도 중요하다
- 223　　③ 적의 강점을 묶어라
- 225　　④ 다수(多數)로 소수(少數)를 격파하라
- 226　　⑤ 배면효과를 이용하라
- 229　　⑥ 예비대를 적절히 활용해 결정적 전투를 구상하라

8 전쟁 종결자, 축구

- 237　1 전쟁을 잠재운 검은 예수
- 239　2 총구를 맞댄 최전선에서 열린 A매치
- 243　3 축구를 통해 영원한 우방(友邦)을 얻다
- 246　4 축구 경기 동안은 나의 조국에 총성은 멎을 것

9 이야기를 마치며

252 1 축구의 전투성

255 2 제국 건설은 운동장에서 시작된다(항재전장Ⅱ)
255 ① 로마제국
257 ② 중세 기사제국
258 ③ 오스만제국
259 ④ 대영제국

262 3 전쟁과 스포츠는 쌍둥이

266 참고서지
269 호모 워리어스(Homo Warriors) 시리즈 소개

1

이야기를 시작하며

한시도 축구를 떠나서는 살 수 없는 축구하는 인간, 호모 사커스(Homo Soccers)!

이 책은 저자의 다른 책 〈모든 스포츠는 전쟁에서 나왔다〉의 후속작이자, '호모 워리어스Homo Warriors'의 두 번째 시리즈다. 제목에서도 짐작할 수 있듯이, 전쟁과 군사적 관점에서 본 '축구'에 관한 이야기다. 이전의 저작에서 필자는 "현대 스포츠의 원형인 고대 올림픽 종목은 전투에 필요한 다양한 전투기술을 숙달하기 위해 만든 전투 스포츠Combat-oriented Sport"로 보고, 아예 스포츠를 "전쟁에서 유래한 군사훈련"으로 규정했다. 완전군장을 매고 달리는 오늘날 군장구보와 유사한 '호프리토드로모스Hoplitodromos'를 비롯해 14개 올림픽 정식 종목과 마라톤의 전투성을 조목조목 제시한 바 있다. 그러나 "고대 올림픽 종목들이 그리스군의 전투기술을 반영했다"는 필자의 주장은 당시 전투방식에 비춰보면 한계가 있었다. 올림픽 종목은 분명 전투에 필요한 전사의 핵심 전투기술을 담은 건 맞지만, 모든 종목이 개별 경기였기 때문에 절반이 부족했다. 당시 그리스군의 전투는 '대규모 밀집 전술'을 기본으로 했다는 전투사적 고찰과 정면으로 대치되는 주장이었다. "고대 그리스인들이 올림픽을 통해 전시 대비태세를 점검하고, 시민을 훈련시켰다"는 주장이 설득력을 가지려면, 적어도 고대 올림픽에 단체경기가 한두 종목은 있어야 했다. 굳이 올림픽에서 단체경기를 꼽으라면,

횃불을 바통처럼 들고 달리는 오늘날 계주나 성화봉송의 조상인 '람파데드로미아Lampadedromia'와 '전차경기' 정도가 고작이다. 이들은 전투처럼 긴박하지만, 전투와는 거리가 멀었다. 따라서 전작前作에서 풀지 못한 퍼즐의 완성은 이번 후속작의 몫이다.

인류는 다른 동물과는 달리 특별하게 진화한 섬세한 엄지손가락 Opposable Thumb을 가진 손을 통해 획기적인 창조물을 만들어내며 찬란한 문명을 이룩했다. 그러나 만약 발이 없었더라도 인류가 이토록 위대한 문명을 만들어낼 수 있었을까? '손'에서 비롯된 문명을 세계에 전파한 '발'이 없었다면 불가능했다. 사고하는 능력은 '손'에 의해 문명으로 발현됐고, '발'을 통해 전쟁과 교역으로 세계에 전파됐다. 요컨대 인류의 발은 문명의 메신저이자 세계화의 원동력이었다.

축구는 필자가 기억하는 스포츠 가운데 손을 사용하지 못하도록 묶어 둔 대표적인 스포츠다. 무엇이든 손이 끼어들면 고도로 지능적이고 정교해지는 반면, 극도로 사악해지기도 한다. 손을 사용하지 않는다는 건 가장 원시적이고 순수하면서 폭력적이라는 걸 의미한다. 축구가 그렇다. 특히, 고대의 축구 조상들은 더 그렇다. 아마도 그 실체를 알게 된다면 이게 무슨 축구냐며 반문할 수도 있겠다.

축구 역사는 인류가 지구상에 처음 등장했던 시기로 거슬러 올라가야 한다. 인류는 누구나 어머니의 뱃속에서부터 발길질하며 숙명적으로 축구와 엮이고, 뛰기 시작하면서 두 패로 갈려 손으로 던지고 차는 놀이를 통해 인간성과 사회성을 배운다. 동시에 상대 공격을 막고 공격해 승리하는 방법을 연습하고 체득한다. 인류 역사에서 발로 차는 공놀이는 이미 기원전부터 많은 나라에서 시작해, 그 유래도 깊고 부르는 이름이나 경기방식도 각양각색이다. 최소 2500년 이상의 긴 세월 동안 세련되고 다양한 모습으로 진화해 마침내 손을 묶기 시작한 지 불과 100년 만에 전 세계를 지배해 버렸다. 그 결과 작금에는 축구가 없는 세상은 생각조차 할 수 없는 지경에 이르렀다. 우리는 이미 태어나기 전부터 운명적으로 축구와 엮인 축구하는 인간, '호모 사커스Homo Soccers'다.

오늘날 전 세계에서 가장 인기 있는 스포츠는 단연 축구다. 국제축구연맹인 피파FIFA에 등록된 회원국 숫자[1]만 따져도 올림픽 참가국보다 많고, UN에 가입된 회원국(193개국)보다도 많다. 한 통계에 의하면, 등록된 선수들만 최소 3억 명, 팀은 300만 개가 넘는다. 지난 2014년 브라질 월드컵을 본 TV시청자만 32억 명으로 세계인의 절반에 이르고, 온라인이나 모바일 시청자도 2.8억 명에 달했다. 게다가 10억이 넘는 세계인이 지켜본 결승전은 야구나 농구에 비해 찬밥 신세인 미국에서도 당해 최고 기록을 세웠을 정도다. 축구에 대한 각국의 관심도 남다르다. 영국에는 "아내와 차는 바꿀 수 있어도 축구팀은 바꿀 수 없다"는 게 불문율이고, 이탈리아에선 "돈이 생기면 제일 먼저 먹을 것을 사서 축구장에 간다. 살 곳을 마련하는 건 나중 일"로 생각한다. 브라질엔 "아무리 작은 마을이라도 교회와 함께 축구장은 꼭 있고, 심지어 교회는 없더라도 축구장

---

[1] 국제축구연맹FIFA; Federation Internationale de Football Association은 프랑스의 제청으로 1904년 파리에 설립됐다. 현재는 스위스 로잔에 본부를 두고 월드컵, 컨페더레이션컵 대회 등을 주관하고 있다. 전 세계 대륙별로 6개 지역연맹을 두고, 2016년 5월 코소보와 지브롤터가 합류해 211개국이 회원국으로 가입돼 있다. 2014년과 2018년 월드컵 본선에는 대륙별 수준에 따라 아래와 같이 각 32개국이 올랐다.

[표1] 2014년 및 2018년 월드컵 본선 진출국

구분	계	유럽	남아메리카	아프리카	북중미 카리브	아시아	오세아니아
회원국	211	55	10	54	35	46	11
2014년	32	13	6*	5	4	4	0
2018년	32	14*	5	5	3**	4	1**

* 개최지가 반영된 숫자로 남미 6팀(브라질), 유럽 14팀(러시아)이 편성된 것.
** 대륙간 플레이오프에서 호주(아시아)가 온두라스(중남미) 지난 대회와 차이가 있다.

만큼은 반드시 있다"고 할 정도다. 이러다 보니 축구장에는 늘 많은 인파가 모이고, 라이벌 간의 경기에는 선수와 서포터의 난투극과 폭력사태로 희생자가 끊이지 않으며 급기야는 돌이킬 수 없는 전쟁에 휘말린다. 오늘날 온 세계는 축구전쟁의 소용돌이에 빠져 있다. 인류가 만든 가장 재미있는 공놀이가 이젠 '죽고 사는 것보다 더 중요한 스포츠'가 되어 버렸다.

이 정도면 영국 축구협회 창단(1863년) 이래 불과 1세기만에 세계를 정복할 만하다. 도대체 이런 전대미문前代未聞의 폭발성은 어디서 나온 것일까? 필자는 그 작은 단서를 '전쟁'에서 찾았다.

안타깝게도, 축구를 떠나서는 한시도 살 수 없는 우리 대부분은 은유Metaphor 같은 수사적 표현 말고는 '축구'와 '전쟁'을 연결시키지 못한다. 이제 인류가 만든 최고의 스포츠, 축구의 탄생과 성장 과정을 알아보고, 축구는 본질적으로 전쟁(전투)에 더 가깝다는 조금 황당한 이야기를 하려고 한다. 축구가 본질적으로 얼마나 전투적이고 살벌했는지를 소개하고, 그것이 현대 축구에 남긴 다양한 흔적을 찾아볼 것이다. 아울러 축구를 통해 먼저 출간한 책에서 남긴 '집단 전투기술을 함양하는 단체경기 종목'과 '집단 전투성'을 연결하는 마지막 퍼즐을 맞춰볼 것이다.

축구에 대한 해석은 정치, 사회, 문화, 역사 등 관점에 따라 다양한 견해가 있어, 옹호나 비판의 입장이 공존한다. 이를테면, 실정失政을 감추고 국민의 관심을 돌리는 수단으로 보기도 하고, 영국 산업화 과정의 결과물(노르베르트 엘리아스Norbert Elias)이나 잠재된 욕구 분출의 상징(움베르토 에코Umberto Eco)으로 보기도 한다. 여기서는 고대 공놀이에서 현대 축구에 이르는 전체 흐름을 '전쟁과 공진화' 중심으로 보는 '역사적 접근'을 견지하고 있다. 이에 전쟁과 관련된 이슈가 아니면 과감히 생략했다는 점을 밝혀 둔다.

전체 구성은 먼저 축구의 기원에서 진화과정 전반에 숨어 있는 '전투성'을 규명하고, 그것이 현대 축구에 미친 다양한 흔적(더비, 서포터, 참사, 엠블럼, 마케팅 등)을 찾아볼 것이다. 특별히 축구로 촉발된 전쟁과 반전쟁反戰爭[2]의 사례를 다루고, 축구에 유용한 전쟁의 노하우(전쟁원칙) 몇 가지를 소개한다. 끝으로 스포츠를 통해 전시를 대비했던 제국들의 '항재전장恒在戰場[3]'을 반추해 보고, 스포츠와 전쟁의 관련성에 대한 마지막 퍼즐을 완성하는 것으로 마무리하려 한다.

한때 축구선수로 군인의 길을 걸었던 필자의 이 작은 시도가 축구 없이 한시도 살 수 없는 현

---

2) 전쟁과 관련된 축구에 주전主戰의 역사만 있는 건 아니다. 스포츠로서 축구는 고대 올림픽의 '제우스 휴전'처럼, 전쟁 종식과 인류 평화에 기여했던 사례도 함께 소개한다.

3) 전작에서 강조한 "스포츠를 통해 늘 전장에 있는 것처럼 생각하고 행동"하는 항재전장의 두 번째 이야기다. 지난번엔 그리스, 페르시아, 몽골을 소개했는데, 이번엔 단체경기를 통해 역사의 대제국을 건설했던 로마를 비롯해 중세 기사, 오스만 그리고 대영제국의 사례를 소개한다.

대인, 호모 사커스에게 세상(스포츠)을 읽는 또 다른 유용한 관점을 제공하기를 바란다. 그리하여 비록 당신은 전쟁과 축구에 관심이 없을지 모르지만, 전쟁과 축구는 당신에게 아주 관심이 많다는 사실을 깨닫게 될 것이다.

1 동양의 공놀이
① 중국의 츄슈(Cuju) ② 한국의 축국(蹴鞠) ③ 일본의 게마리(Kemari)

2 서양의 공놀이
① 그리스의 에피스키로스(Episkyros) ② 로마의 하르파스툼(Harpastum)
③ 영국의 슈로브타이드 풋볼(Shrovetide Football)
④ 아일랜드의 게일릭 풋볼(Gaelic Football)
⑤ 이탈리아의 칼치오(Calcio) ⑥ 프랑스의 술(la Soule)

3 중세 축구, 잉글랜드 로열 슈로브타이드 풋볼(Royal Shrovetide Football)
① 헨모어 강(Henmore River)의 격전장 ② 12:00, 최후의 만찬
③ 13:50, 전쟁터로 ④ 14:00. 드디어 결전 ⑤ 22:00, 마침내 집으로
⑥ 단 7개의 경기 규칙 ⑦ 그 밖의 것들

4 전쟁이 잉태한 스포츠, 축구
① 서양축구의 전투성 ② 동양축구의 전투성 ③ 전쟁과 함께 진화한 축구

5 축구 기원설, 그 오랜 논란의 끝

2
축구는 영국에서 처음 시작한 것인가?

축구 마니아는 아니더라도 '축구 종주국, 영국'이란 말은 흔히 들어서 잘 알고 있다. 이 말은 간혹 "축구가 영국에서 시작됐다"와 혼동되기도 한다. 과연 그럴까? 사실은 좀 다르다. 여기엔 '현대 스포츠로써 축구의 근간을 마련한'이란 표현이 생략돼 있다. 이렇게 주장하는 배경엔 축구의 시작이 고작 19세기 영국 산업화 시기 정도가 아니라, 무려 기원전으로 거슬러 올라간다는 놀라운 역사에 근거한 것이다. 더 중요한 건, 서양뿐 아니라 동양에서도 즐겨했고 그 역사 또한 깊다는 사실이다. 축구의 뿌리를 더듬어 보는 건, 단순히 축구 기원설을 가리는 것에 그치지 않고, 전쟁과 중요한 연결고리를 찾는 중요한 작업이다.

사실 우리는 영화나 드라마를 통해 축구의 조상을 여러 번 만난 적이 있다. 2009년 오우삼 감독의 영화 '적벽대전Red Cliff'의 2부 '최후의 결전'에 등장한 공놀이가 그것이다. 영화 도입부에 한창 전쟁 중인 위魏나라 조조曹操 군영에서 벌어진 거친 축구경기 장면이 나온다. 우리나라에서도 '해를 품은 달(2012년)'을 필두로 '대왕의 꿈(2012년)', '기왕후(2013년)', '화랑(2016년)'까지 꽤 많은 드라마에 출연하기도 했다. 현대적으로 각색돼 원형과는 다소 거리가 있지만[4], 그만큼 역사가 깊다는 방증이다. 시공을 초월해 성행했던 축구의 오랜 역사에는 과연 어떤 비밀이 숨겨져 있는지 궁금해진다.

---
[4] 위의 사례 가운데 굳이 하나를 고르라면, '적벽대전'에 등장하는 중국의 고대 축구를 권하고 싶다. 그 이유는 동양 축구의 뿌리가 중국이고, 그 모습이 가장 원형에 가깝기 때문이다.

1 동양의 공놀이

❶ 중국의 츄슈(Cuju)

동양에서 가장 오랜 축구는 중국에서 시작됐다. 기록에 의하면, 기원전 3세기경 전국시대戰國時代에 처음 시작한 것으로 전해지며 '츄슈Cuju'라고 불렸다. 이후 진秦나라를 거쳐 한漢나라 때 팀 편성, 경기규칙 등 스포츠로써 전반적인 체계[5]를 갖추게 됐고, 당唐과 송宋나라에 이르러 가장 많은 인기를 누렸다. 츄슈의 경기방식은 크게 두 형태가 있었다. 하나는 두 편으로 나뉘어 공을 떨어뜨리지 않고 차는 경기로 지금의 배구처럼 공중에 설치한 그물을 사이에 두고 서로 공을 차다가 땅에 떨어뜨리는 편이 지는 경기였다. 참가 선수의 규모에 따라, 1인장, 9인장 등으로 불렀다. 또 다른 형태는 동수로 편을 나눠 주로 발을 사용해 공을 정해진 골문毬門에 넣어 승부를 가리는 경기였다. 손으로 공을 터치하거나 잡고 던질 수는 없었다. 특이한 것은 처음엔 여섯 개의 구멍을 만들어 여기에 공을 넣었으나, 후대에는 한 개로 줄었다. 손을 사용하지 않고, 정해진 골문에 공을 많이 넣는 방식이 현대 축구와 많이 닮았다. 그러나 서로 공을 다투는 과정에서 격렬한 몸싸움이 불가피했기 때문에 상당히 격렬한 남성적인 경기로 특히 당·송의 군대에서 츄슈를 정식 훈련종목으로 채택했다는

[5] 이 사실이 피파가 한나라를 츄슈의 시초로 지목한 이유다. 피파는 2004년에 "중국에서는 기원전 206년에 세워진 한왕조에서 현대 축구와 거의 비슷한 공차기를 즐겼다"고 밝히고 있다.

중국(제나라) 츄슈. 역동적인 남성경기로 그림만 봐도 단박에 손보단 발을 사용하는 경기임을 알 수 있다.

기록은 주목을 끈다. 이와 관련한 이야기는 뒤에서 좀 더 자세히 소개하겠다.

❷ 한국의 축국(蹴鞠)

우리나라에서 고대 축구에 대한 역사적 기록은 다음의 세 가지로 요약된다. 이 중 가장 오랜 기록은 〈삼국사기三國史記〉에 전해진다. 김유신이 김춘추와 사돈의 연緣을 맺기 위해 치밀하게 계산된 이야기 가운데 축국이 등장한다. 김유신의 초대로 집을 방문해 공놀이를 즐기던 중에 김춘추의 옷끈이 떨어졌다. 김유신은 일부러 여동생[6]을 시켜 옷을 꿰매 줬는데, 김춘추가 아름다운 문희의 모습에 반해 버렸다. 이 일로 김춘추와 김유신은 급격하게 가까워졌고, 후일 문희는 태종무열왕太宗武烈王의 왕비 문명왕후文明

---

[6] 처음엔 언니 보희寶姬에게 맡기려 했으나 언니가 거절해서 동생 문희文姬가 대신 했다.

王后에 올랐다. 이 이야기의 첫머리에 등장하는 공놀이가 바로 삼국시대에 성행했던 '축국蹴鞠'이다. 서로 편을 갈라 둘러서서 떨어지지 않게 차거나 그물을 넘기는 경기로 제기차기와 유사했다. 두 번째는 고려시대 〈동국이상국집東國李相國集〉에 "공에 바람을 넣어 사람들이 모여 차다가 바람이 빠져 사람들이 또 헤어지니 쭈그러진 빈주머니만 남았다"는 기록이 있다. 세 번째는 정조 때 간행된 〈무예도보통지武藝圖譜通志〉에 등장한다. "국국鞠은 즉 격구나 타구에 쓰이는 공球을 가지고 하는 구희球戱로 옛날에는 털을 묶어 공을 만들었으나 지금은 태소의 오줌통으로 공을 만든 것에 바람을 넣어 찬다"는 기록이 전해진다. 중국으로부터 삼국시대에 전해진 공놀이가

한국의 축국

고려와 조선시대에도 성행했음을 알려주는 사료다. 경기 방식에 대해선 논란이 많으나, 동수로 편을 나눠 공을 빼앗아 같은 편끼리만 주고받는 경기도 있었고, 경기장 양편에 종점선을 그어 그곳을 통과시키면 득점으로 인정하거나, 츄슈처럼 양편에 세운 골문에 공을 넣는 것으로 승부를 가리기도 했다.

❸ 일본의 게마리(Kemari)

이 놀이는 다른 두 나라와는 조금 다른 방식으로 진화했다. 일반적인 경기방식은 네모진 경기장의 모서리에 각각 나무 기둥을 세워 놓고, 그 구역 안에서 8명이 공을 발로 차는 놀이다. 경기는 공중으로 공을 띄워 떨어지지 않게 차는 것으로 보아 중국의 츄슈나 우리의 축국과 유사해 보인다. 아마도 오늘날 축구선수들이 경기 전에 몸 풀기 용도로 하는 '저글링Juggling; 떨어뜨리지 않고 연속적으로 볼을 다루는 기술'이나 '패스 게임Pass Game' 정도로 생각하면 무리

일본의 게마리

가 없을 듯하다. 역사적으로는 중국에서 시작한 츄슈가 당나라 때 한반도(삼국시대)에 전해졌고, 다시 일본으로 건너갔다는 게 정설이다. 그러나 손을 사용하지 않는 것만 빼면, 츄슈나 축국에서 공통적으로 성행했던 '골문에 공을 넣는' 경기방식은 없었던 게 분명하다. 물론 거친 몸싸움도 없었다. 어찌 보면 기본기에 충실한 패스 위주의 현대 일본의 축구 스타일과 많이 닮아 있다.

재미있는 건 세 나라 모두 다르게 부르지만, 같은 한자 '蹴鞠축국'을 사용했다는 사실이다. 축국蹴鞠은 한자의 의미에서 알 수 있듯이, '가죽으로 만든 공(국鞠)을 발로 차는(축蹴) 놀이'를 말한다. 중요한 건, 모두 '손을 사용하지 않고 발을 주로 사용하는 공놀이'라는 점과 게마리만 제외하면 '골문에 공을 넣는 방식'이었다는 사실이다. 이는 세계의 축구 역사를 규명하는 중요한 단서를 제공하기 때문에 잊지 말아야 한다. 특히, 다음에 소개할 서양의 공놀이와 비교해 보면 더욱 명확해진다. 오늘날 동북아 '축구 삼국지'의 경쟁 구도가 이때부터 형성됐는지도 모른다.

2 서양의 공놀이

❶ 그리스의 에피스키로스(Episkyros)

7) 고대 그리스는 일반적으로 '민주주의의 발상지'에 가려져, 잘 알려지지 않은 '스포츠의 발상지'다.

그리스는 고대 올림픽에 이어서 축구에서도 가장 오랜 역사7)를 가지고 있다. 기원전 7세기경으로 추정되는 '에피스키로스Episkyros'가 그것이다. 에피스키로스는 엔드라인 '스쿠로스 Skuros'와 '위'를 뜻하는 전치사 '에피epi-'가 합쳐져 상대 진영의 엔드라인을 통과하는 경기란 의미다. 한 팀을 12명에서 14명으로 편성하고, 경기 방식은 공을 발로 차는 것은 물론 손으로 잡거나 던지면서 전진해 상대 진영의 엔드라인을 넘는 횟수로 승부를 가렸다. 축구라기보다 오히려 럭비나 미식축구에 가깝다. 볼을 가진 팀과 이를 저지하는 팀 간의 상상 이상의 몸싸움이 수반되는 거친 경기인데다 특별한 규칙도 없어서 선수 간 신체 접촉과 충돌은 불가피했다. 이로 인해 경기마다 거친 플레이와 크고 작은 싸움으로 부상자가 속출했다. 외형으로만 본다면 적과 벌이는 전투 행위와 크게 다를 바 없었다. 비슷한 시기에 올림픽 제전에서 행해진 격투종목에 버금가는 격렬한 경기였다. 특히, 그리스 강대국 중 하나인 스파르타에서는 다른 도시에 비해 더 과격하고 격렬한 경기를 즐겼는데, 이 경기만 별도의 대회를 정기적으로 개최했을 정도로 대단한 인기를 누렸다. 이 공놀이가 로마에 전파되면서 아주 특별한 스포츠로 탈바꿈하게 된다.

그리스의 에피스키로스

❷ 로마의 하르파스툼(Harpastum)

그리스를 계승했던 로마는 기원전 5세기경 에피스키로스를 기초로 '하르파스툼Harpastum'을 고안해냈다. '움켜쥐다' 또는 '낚아채다'를 의미하는 라틴어 '하르파조Harpazo'에서 유래했는데 에피스키로스의 로마식 버전이었다. 로마인들은 축구의 교육적 가치에 주목해 정책으로 적극 권장했다. 특히, 로마군이 군사를 훈련시키기 위한 정규과목으로 채택한 것은 전쟁과 축구의 약사에 큰 전기가 됐다. 경기는 양 팀 사이에 소프트볼만한 크기의 공을 던지는 것으로 시작되고, 공을 상대 엔드라인 너머로 가져가면 득점으로 인정했다. 서로 득점하려는 공자와 이를 막으려는 방자의 치열한 공방전이 펼쳐졌다. 전체적으론 그리스의 에피스키로스와 유사했지만, 군에서 하다 보니 더욱 거칠고, 역동적이며 남성미 넘치는 경기가 됐다. 재미있는 건 로마군의 전투방식을 닮았다는 점이다. 선수들에겐 이전과는 비교가 안 될 정도로 빠른 속도와 민첩성이 필요했고, 과감한 신체접촉을 이겨내는 강인함이 요구됐다. 경기 도중 발생하는 부상은 으레 있는 일로 간주됐고, 간혹 부상 방지를 위해 진흙이나 잔디 위에서 하기도 했다. 당대 가장 잘 훈련된 군대로 평가되는 로마군이 축구를 훈련종목으로 채택했다는 사실은 훗날 '로마제국'의 훌륭한 밑거름이 됐다. 특히, 하르파스툼을 통해 로마 군단은 집단전술을 익히는 건 물론이고, 병사들 간의 끈끈한 전우애

로마 군대에서 하는 하르파스툼

와 단결, 긴장감, 승부욕을 자극하는 데에도 아주 유용했다. 나아가 유럽에서 아시아에 걸친 점령지를 관리·운영하는 데에도 효과적인 통제 수단이기도 했다. 결국 로마식 군대축구는 제국 확장을 위해 파견된 로마군단에 의해 유럽 각지로 전해졌다.

고대 그리스의 공놀이는 로마군을 통해 철저하게 전투성으로 무장했고, 유럽 각지로 전파됐다. 그 결과 오늘날 통용되는 놀이나 스포츠와는 차원이 다른 과격한 '집단 격투형 구기종목'으로 진화했다. 당시 전쟁이 일상이던 유럽의 여러 나라들은 이 듣도 보도 못한 전쟁놀이에 서서히 빠져들기 시작했다. 이탈리아나 프랑스를 비롯해 바다 건너 영국까지 강대국을 중심으로 유럽 각지에서 보다 전투적인 '중세 축구'를 내놓기 시작했다. 처음엔 재능 있는 소수를 위한 경기였지만, 종종 지역단위로 외세에 대항하는 구성원 전체가 참가하는 총력전 형태의 집단경기로 발전했다. 이를 통칭해 '몹풋볼Mob Football' 또는 '매스풋볼Mass Football'로 불렀는데 우리말의 '집단축구'가 가장 가깝다. 이탈리아의 '칼치오Calcio', 프랑스의 '술 la Soule', 영국의 '슈로브타이드 풋볼Shrovetide Football', 아일랜드의 '게일릭 풋볼Gaelic Football' 등은 모두 로마식 군대축구의 후예들이다.

❸ 영국의 슈로브타이드 풋볼(Shrovetide Football)

영국의 중세축구 '슈로브타이드 풋볼Shrovetide Football'은 비교적 간단한 공놀이였다. 선수들은 맨몸으로 출전해 돼지 방광에 내용물을 채운 공을 서로 합의된 지점으로 옮기는 경기다. 규칙이래야, "상대 선수를 해칠 수 있는 물건의 휴대를 금한다"는 게 전부였다. 놀라운 건 주먹과 발로 차는 건 물론이고, 물어뜯거나 눈을 찌르는 행위까지도 허용됐다는 사실이다. 참가자에 대한 그 어떤 제한도 없었다. 마을 대항전인 경우 충력전이다보니 전투에 참가하는 남자라면 일체 예외 없이 참가했다. 정해진 경기장이 없었기 때문에, 살고 있는 마을과 마을을 오가며 경기를 했다. 골대는 양 팀 선수에게 잘 알려진 광장이나 교회로 정했다. 선수들은 들판을 지나 상대편 광장으로 향하는 골목골목을 누비며 교회에 공을 들여놓으면 시합은 끝났다. 경기시간도 제한이 없어 득점과 함께 경기를 마치는 오늘날의 서든데스 방식으로 진행됐다. 만약 무득점이면 득점이 날 때까지 며칠을 하는 경우도 더러 있었다. 교회의 상징을 잘 생각해 보면 그곳을 허용한다는 건 더할 수 없는 수치로 여겼다. 이에 경기는 격렬한 전쟁 같았다. 이러다 보니 매 경기마다 수십 명의

잉글랜드의 슈로브타이드 풋볼

부상자는 보통이고, 심지어 사망자가 나오기도 했다. 흥미로운 건 경기가 과격할수록 중독성도 비례해 증폭됐다는 사실이다. 이를 우려한 정부가 법으로 통제하기도 했으나 이미 중독된 시민들에게 항복하고 말았다. 신사의 나라인 영국에서 이런 야만적인 경기가 성행했다는 점은 아이러니가 아닐 수 없다. 역설이지만, 돌이나 흉기를 휴대하지 않았다면 오심 논란이나 항의, 경기몰수 등 그 어떤 비신사적인 행위도 없었다는 점에서 '가장 신사적인 경기'인 셈이다. 현재 잉글랜드 더비셔Derbyshire 주 애시번Ashbourne에선 열리는 '로얄 슈로브타이드 풋볼Royal Shrovetide Football'이 가장 유명하다. 이 경기는 뒤에서 자세히 소개하겠다.

❹ 아일랜드의 게일릭풋볼(Gaelic Football)

잉글랜드에 슈로브타이드 풋볼이 있다면, 아일랜드에는 '게일릭 풋볼Gaelic Football'이 유명하다. 이 경기는 중세의 민속경기 '케이드Caid'를 변형한 경기로 경기방식도 슈로브타이드 풋볼, 현대 축구와는 사뭇 다르다. 손과 발을 모두 사용하지만, 손을 사용하는 데 제한이 많다. 공을 손으로 던지는 행위는 금지돼 있고, 손으로 드리블을 하거나 상대 골문을 향해 주먹으로 치는 행위 정도만 허용된다. 축구공처럼 둥근 공을 사용해 풋볼처럼 보이지만, 축구와 럭비의 특성을 모두 가지고 있고, 엄밀하게 말하면 럭비에 좀 더 가까운 경기다. 특히, 가장 중요한 득점방식은 럭비를 닮았다. 골포스트의 크로스바 위로 넘기면 1점, 골포스트와 크로스바 사이의 골 망에 넣으면 3점을 인정하는 '차등 득점제'를 채택하고 있기 때문이다.

아일랜드의 게일릭풋볼

❺ 이탈리아의 칼치오(Calcio)

로마제국의 후예답게 이탈리아인들의 축구에 대한 애정과 자부심은 남다르다. 이탈리아 북서부 토스카나의 대표 도시 피렌체 Firenze에는 독특한 스타일의 축구 '칼치오Calcio'가 유명하다. '밟다' 또는 '차다'를 의미하는 'calciare'에서 유래해, 발로 하는 경기를 의미한다. 그러나 실제는 손을 더 많이 사용한다. 16세기 카를 5세의 신성로마제국이 피렌체를 침략했을 때도 시민들이 모여 칼치오를 즐긴 일화가 전해지고 있다. 적들이 바로 코앞까지 쳐들어 왔는데도 한가로이 칼치오를 한다는 건, 오히려 강한 저항의 상징이자 마지막 자존심 같은 거다. 칼치오는 이미 14세기부터 이탈리아 곳곳에서 성행했지만, 구체적인 경기 규칙은 1580년에 만들어졌다. 경기장은 축구장 절반[8] 크기로 바깥 경계에는 2m 높이의 펜스가 설치돼 있고, 앉을 수 있는 관중석이 마련돼 있다. 선수는 27명으로, 통상 4명의 골키퍼와 전담 수비수 3명을 두고, 미드필더에 4명, 나머지 15명은 모두 공격수로 편성한다. 공을 상대 진영으로 몰고 들어가 엔드라인을 따라 설치된 1m 높이의 골문에 공만 넣으면 되는데 제한은 없다. 볼을 갖지 않은 동료 선수들이 상대 선수를 마크해 볼이 지나갈 공간을 만들고, 여기를 따라 날렵한 미드필더가 공을 들고 뛰거나 또는 손으로 치면서 전진한다. 물론 상대에 막혀 더 이상 전진이 어려우면 발로 차기도 한다. 볼의 진행과 관련 없는 선수끼리 힘겨루기는 물론이고 격투도

[8] 경기장 규격은 80×120 큐빗으로 1큐빗Cubit은 성인 남자의 팔꿈치에서 중지까지의 길이를 말하는데 대략 축구 경기장의 절반이다.

이탈이라의 칼치오

가능하며 심지어 발로 차는 행위도 허용된다. 득점보다도 주변 선수들이 벌이는 난투극이 더 좋은 볼거리다. 규칙이 있다면, 선수 보호를 위해 급소를 가격하거나 머리를 발로 차는 행위를 금지한 정도가 고작이다. 오늘날 이탈리아에는 AC 밀란[9], 우디네세 칼치오Udinese Calcio, 칼리아리 칼치오Cagliari Calcio, 칼치오 카타니아Calcio Catania 등의 축구 클럽이 칼치오를 이르에 사용하고 있다. 피렌체에는 수호성인 성 조바니St. John의 축일(매년 6월24일)에 산타크로체Santa Croce 광장에서 열리는 '칼치오 스토리코Calcio Storico'는 세계적으로 유명한 칼치오 축제다.

---

[9] 'AC Milan'은 'Associazione Calcio Milan'의 줄인 표현이다.

---

❻ **프랑스의 술(la Soule)**

프랑스에서는 '술la Soule'이라는 중세 축구가 있었다. 술은 '치다' 또는 '때리다'를 의미하는 프랑스어 'houle' 또는 'choule'에서 유래했는데, 브르타뉴, 피카르디, 노르망디 등 북부에서 즐겨 했다. 주로 농촌을 중심으로 한 공동체 생활에 뿌리를 두고 있다. 동수로 편성된 양 팀 선수들이 밀기울이나 건초더미를 채운 공을 상대 진영에 옮기는 경기였다. 다른 경기들과 마찬가지로 규칙이나 제약이 별로 없었기 때문에 가능한 모든 신체 부위를 사용해 골만 넣으면 되는 단순한 경기다. 이로 인해 폭력성만큼은 남부럽지 않았는데, 노르망디에서 있었던 한 경기에서 무려 40여 명의 사상자가 있었다는 기록이 남아 있다. 술의 역사에서 특이한 것은 로마와 마찬가지로 프랑스 군에서도 즐겨했다는 사실이다. 술도 고대 갈리아 지

프랑스의 술

역에 파견된 로마군단의 숙영지에서 전해진 하르파스툼의 후예다. 한 연구에 의하면, 중세 잉글랜드와 프랑스가 축구 교류를 했다는 주장도 있다. 이는 아마도 두 나라가 11~14세기 기간 동안 왕위 계승 등의 문제로 오랜 전쟁을 벌였기 때문으로 추정된다.

축구는 고대에서 중세로 넘어오면서 폭발적으로 확산됐다. 비교적 얌전했던 고대 공놀이는 동서양의 군대를 거치면서 점차 과격한 격투경기로 변했고, 급기야는 '모의전투' 또는 '전투' 그 자체가 되어 버렸다. 이런 배경에 전쟁과 군대 그리고 군인의 역할을 빼고는 설명하기 어렵다. 과거 부국강병富國強兵의 이상은 군에서 즐겼던 실전 스포츠 축구를 통해 달성될 수 있었다. 그저 공놀이나 축구라 부르기엔 너무나 전투 같은 '집단축구'를 소개한다.

3 중세 집단축구,
잉글랜드 로열 슈로브타이드 풋볼
(Royal Shrovetide Football)

12세기 영국의 집단축구는 잉글랜드는 물론이고 스코틀랜드, 웨일즈까지 전 지역에서 성행했다. 경기 일정이나 방식 등에 다소 차이가 있지만, 당시의 치열한 경기 모습은 오늘날까지 이어져 오고 있다. 불과 수년 전까지만 해도 50개가 넘는 도시에서 즐겼을 정도로 인기가 많은 스포츠[10]였지만, 현재는 절반 정도가 명맥을 유지하고 있다. 이 가운데 매년 2월 3주차 화요일과 수요일에 더비셔Derbyshire 주의 애시번Ashbourne에서 열리는 로열 슈로브타이드 풋볼이 유명하다.

10) 슈로브타이드 풋볼 홈페이지(http://www.shrovetide.net/) 내용을 참조해 재작성한 것이다.

[표2] 영국의 슈로브타이드 풋볼

구분	잉글랜드(14)			스코틀랜드(8)		웨일즈(1)
	남서부(5)	북부(9)				
도시	St. Columb Major St. Ives, Cornwall Corfe Castle Bodmin Kingston-upon-Thames	Atherstone Sedgefield Alnwick, Nthld Workington Cumbria Ashbourne Derbyshire	Tyneside Chester-le-Street Hallaton HaxeyHoodgame	Jedburgh Roxburgh Jeddart Kirkwall	Orkney Scone Duns Melrose	Cnapan

44 축구 전쟁

이 경기는 영국을 대표하는 세계적인 경기로, 죽기 전에 꼭 봐야 할 버킷 리스트 중 하나로 꼽힌다. 그래서 해마다 이를 보기 위해 국내외 많은 관광객들이 찾는다. 시에선 아예 전체 축구장을 돌아보는 투어코스를 마련하고, 희망하면 직접 경기에 참여하는 기회도 제공한다. 애시번에선 중세 축구를 재현해 1667년 '슈로브타이드 풋볼Shrovetide Football'이란 이름으로 시작해, 1891년 협회가 결성되면서 더 유명해졌다. 1928년에 웨일즈 왕자 에드워드 8세가 참가하면서 영국 왕실이 인정하는 '로열 슈로브타이드 풋볼Royal Shrovetide Football'이 됐다. 어지간하면 절대 거르지 않았던[11] 전통의 경기를 시간대별로 정리해 보고, 특히 현대 축구와 대별되는 경기규칙을 집중 조망해 본다.

[11] 애시번의 슈로브타이드 풋볼은 1968년과 2001년에 접촉성 전염병인 수족구병의 창궐로 인해 일시 중단됐고, 1878년엔 경기 도중에 익사자가 발생해 경기 자체가 취소된 바 있다.

로열 슈로브타이드 풋볼. 1890년대, 1930년대, 1950년대, 2010년의 장면이다.

❶ 헨모어 강(Henmore River)의 격전장

먼저 경기장부터 소개해야 하는데, 어떻게 설명해야 할지 막막하다. 경기장이 없다. 아니 너무 넓다. 행정구역으로 애시번에 속하는 전 지역이 경기장이다. 애시번의 지도를 보고 설명하면 이해가 쉬울 듯하다. 중앙을 가로지르는 헨모어 강Henmore River 주변이 주 격전장이다. 강의 중앙에서 양쪽으로 대략 5㎞되는 지점에 양 진영의 골대가 있다. 두 골대를 연결하는 전체 길이는 대략 눈대중으로만 보더라도 10㎞는 족히 돼 보인다. 양 끝에는 '스터스턴Stuston'과 '클립턴Clifton'에 모두 방앗간이 있는데 각각 골대가 설치돼 있다. 습한 기후와 하천이 많은 영국에서 별도 경기장 없이 야외에서 하는 중세축구는 수중전이 필수다. 그래서 공도 물에 뜰 수 있도록 안에는 코르크Cork를 채워 만든다. 애시번도 마찬가지다. 경기 시작은 선수들이 모두 모여 식사와 정렬할 공간이 있는 장소에서 한다.

애시번의 로열 슈로브타이드 풋볼 경기장. 골대는 양쪽 끝에 있고, 경기시작은 중앙에서 한다.

팀은 강을 중심으로 위쪽 사람들(어퍼즈Up'ards)과 아래쪽 사람들(다우너즈Down'ards)로 나눈다. 굳이 우리말로 포현하자면 '윗동네-아랫동네' 정도가 무난하다. 선수에 대한 규정은 없어 총력전으로 진행되기 때문에 남자들은 의무적으로 참석해야 하고, 특별한 사유가 없는 한 일체의 열외는 용납되지 않는다. 해마다 차이는 있지만, 여행객까지 포함해 대략 400여 명이 참가한다고 한다.

❷ 12:00, 최후의 만찬

"군대는 위胃로 전진한다(An army marches on its stomach)!"는 유럽을 석권했던 나폴레옹의 명언이다. 우리 군에도 "작전에 실패한 지휘관은 용서해도 배식에 실패한 지휘관은 용서할 수 없다"는 표현이 있듯이 전쟁에서 식사는 중요하다. 결전을 앞두고 배가 고프면 승리를 기대할 수 없다. 특히, 경기 내내 쉬는 시간 없이 저녁도 먹지 않고 밤늦도록 해야 하면 더욱 그렇다. 경기에 참가하는 양 팀의 선수들과 협회 임원들은 정오에 '그린 맨 펍The Green Man Public House'에서 'Pre-Game Meal'로 부르는 특별한 메뉴(토마토 수프와 감자를 곁들인 로스트비프)로 최후의 만찬을 한다. 여기서 식사하는 인원수가 경기에 참가하는 공식 통계가 된다. 그린 맨 펍의 벽에는 그동안 있었던 주요 경기의 기록과 역대 사용한 공, 기념품 등을 비치하고, 터너업Turner-up[12]과 득점자Scorer의 명단을 기록한 명예의 전당 'Roll of Honor'가 마련돼 있

[12] 경기 시작을 의미하는 '턴업Turn-up'을 주관하는 사람을 말한다. 축구경기의 킥오프Kick-off에 해당되는데, 통상 왕족이나 사회적으로 명망이 높은 유명 인사가 초청된다. 경기에 사용되는 공에 득점자scorer와 함께 터너업의 이름, 문장을 새겨 득점자에게 수여돼 영구히 보관한다.

다. 식사를 마친 양 팀 선수들은 호텔(Black's Head Royal Hotel) 앞에 모여 경기 진행에 대한 설명과 주의사항을 전달받고 전통의 노래를 합창한다.

❸ 13:50, 전쟁터로

선수와 임원들은 이제 호텔을 출발해 식전행사와 경기를 시작하는 장소Starting Point까지 'Dig Street'를 따라 이동한다. 가장 앞에는 경기를 시작할 '터너업'을 가운데 두고, 양쪽으로 두 팀의 대표들이 서로 팔짱을 낀 채 이동한다. 여기서 터너업은 그날 경기에서 사용할, 한 달 이상 걸려 만든 100% 수제 볼을 들고 간다. 이처럼 모든 선수들과 임원들이 공과 함께 호텔에서 스타팅 포인트인 주차장까지 이동하는 것을 특별히 '볼 퍼레이드Ball Parade'라고 부른다. 슈로브타이드 풋볼의 또 다른 별명 '스크럼 볼Scrum Ball'은 여기서 유래한 것이다. 마치 럭비의 스크럼을 연상시키기 때문이다.

❹ 14:00, 드디어 결전

13) 물론 슈로브타이드 축구 경기가 열리는 기간에는 이곳에 주차는 일체 허용되지 않는다.

14) 쇼 크로포드 주차장 가운데 블록으로 만든 구조물로 행사용 '단상'으로 생각하면 무리가 없다.

볼 퍼레이드를 마친 선수와 임원들은 '쇼 크로프트 주차장Shaw Croft Car Park13)'에 모여 드디어 전쟁을 선포한다. 주차장 중앙에 설치된 벽돌로 쌓은 작은 무대 플린트Plinth14)에 오른 대회 임원들의 안내에 따라 '올드 랭 사인Auld Lang Syne'과 '국가'를 부른다. 노래를 부르는 내내 선수들의 얼굴은 엄숙함과 비장함으로 점점 굳어

경기 시작을 알리는 턴업 장면
블록으로 쌓아 올린 플린트 위에서 턴업을 하고 있다.

진다. 노래를 마친 후, 그날 경기의 터너업이 단상 중앙에 나서서 공을 머리 위로 올려, 단상 아래에서 기다리고 있는 선수들 위로 던진다. 이로써 400명에 달하는 어퍼즈와 다우너즈는 온몸으로 하는 숙명의 결전을 시작한다. 선수들은 아무리 격렬한 경기를 하더라도 사전에 허락되지 않은 사유지나 교회 등 금지구역을 들어갈 수 없고, 몇 가지 규칙에 따라 전투를 벌인다. 심판은 없어도 규정은 철저히 준수돼 반칙은 거의 없다.

❺ 22:00, 마침내 집으로

경기는 득점의 유무와 상관없이 반드시 밤 10시가 되어야 마친다. 만약 득점에 성공하면 그 팀이 공을 가져가지만, 만약 득점 없이 경기를 마쳤다면 공은 다시 '그린 맨 펍'으로 돌아와 다음날(수요일) 경기에 또 등장한다. 연장전이나 승부차기 같은 건 없다. 만약 5시 이전에 조기 득점에 성공하면 즉각 다른 공을 투입(턴업)한다. 깜깜한 밤이 되어야 부상자를 추스르고는 집으로 돌아가 내일 전투를 위해 휴식에 들어간다. 골대는 1967년과 1981년에 없애고, 1996년에 지금의 규모로 다시 설치했다. 하필 개천 중간에 석축을 쌓아 만들어 놓는 바람에 선수들은 반드시 물에 빠져야 한다. 득점 방식은 골대에 붙어 있는 동판에 볼을 세 번 두드리면 득점으로 인정된다. 참가 자격엔 제한이 없지만, 득점 자격은 있어 지역을 대표하는 유명 집안의 출신에게만 허락돼 있다. 첫 날 경기에 지친 선수들은 짧은 휴식을 마치고 특별한 사유가 없는 한, 다음날 정오까지 두 번째 전투를 위해 어김없이 '그린 맨 펍'에 모인다. 경기는 총력전이어서 한 사람이라도 빠지면 불리하다.

[표3] 애시본 로열 쉬로브타이드 풋볼의 경기 규칙

① 경기시간은 오후 2시에 시작해 10시에 마치며 경기가 끝난 후 공은 그린 맨 펍으로 가져와야 한다.
② 경기 중 공은 허락되지 않은 사유지에 들어갈 수 없다.
③ 경기 가능한 지역이라도 교회와 부속 건물이 있는 전체 경내와 위령비나 묘지가 있는 공원은 들어갈 수 없다.
④ 공은 백이나 가방 등에 넣어서 운반할 수 없고 경기 내내 시야에서 사라져서는 안 된다.
⑤ 아울러 차를 포함한 운송수단을 이용해 공을 운반해서도 안 된다.
⑥ 득점은 양 팀의 돌로 쌓은 골대의 동판을 세 번 두드리는 것으로 하고 오후 5시 이전에 득점하면 새로운 공을 투입한다.
⑦ 선수들은 고의로 상대 선수를 해할 수 없다.

❻ 단출한 경기 규칙

경기 규칙은 비교적 간단하다. 여러 자료를 찾아봐도 대략 7개로 정리되고, 조문도 아주 간결하다.

경기시간(①조), 경기장(② · ③조), 득점(⑥조)에 대한 규정과 3개의 반칙(④ · ⑤ · ⑦조)에 대한 게 전부다. 이 정도면 거의 '규칙이 없는No-Rules' 경기나 마찬가지다. 1,000년 동안 진화에 진화를 거쳐 완성된 규칙치고는 너무 빈약하다.

이 경기가 처음 시작됐을 땐, 규칙 따윈 없었다. 굳이 있다면, "경기를 빙자해 상대 선수를 살인할 수 없다" 정도였다. 이 규정은 시간이 지나면서 표현만 바뀐[15] 상태로 계속 존치돼 있다. 이런 관점에서 보면 1천 년 전과 비교해 고작 규칙 6개가 늘어난 것에 불과하다. 현대 축구의 최초의 규칙은 사립학교를 중심으로 만든 11개의 '케임브리지 규칙Cambridge Rules(1814년)'이겠지만, 보다 보편적인 규칙은 축구협회 발족과 함께 마련된 14개의 규칙(1863년)이다. 2017~18년도에 적용되는 피파 규칙은 '오프사이드Off-Side'를 포함해 모두 17개 분야에 많은 86개의 세칙細則들로 구성돼 있다. 규칙이 많으면 전쟁이 아니라 스포츠에 가깝다. 규칙만 보면, 군대훈련에서 진화한 현대 축구는 이젠 전쟁에서 스포츠 영역으로 완전히 넘어 와 있다.

스포츠에선 서로 합의한 수단과 방법, 절차에 따라야만 득점이나 승리가 인정된다. 심지어 숨겨진 의도 역시 심판대에 올려져 정당성이 인정돼야 한다. 그렇지 못하면, 드물긴 하지만 경기를 마친

15) 원문엔 살인금지는 "Must not murder their opponents"로, 상해금지는 "Must not intentionally cause harm to others"로 표현돼 있다.

[표4] 2017-18 피파 축구 경기규칙

계	① 경기장	② 볼	③ 선수	④ 선수의 장비	⑤ 주심
17조 86항	13항16)	3항	10항	6항	6항
⑥ 주심 외 심판	⑦ 경기 시간	⑧ 경기시간과 재개	⑨ 볼의 인&아웃 오브 플레이	⑩ 경기 결과의 결정	⑪ 오프사이드
6항	5항	2항	2항	3항	4항
⑫ 반칙과 불법 행위	⑬ 프리 킥	⑭ 페널티 킥	⑮ 스로인	⑯ 골 킥	⑰ 코너 킥
4항	3항	3항	2항	2항	2항

16) 1조 경기장 규칙에는 경기장의 표면, 경기장의 표시, 크기, 국제경기를 위한 크기, 골 에어리어, 페널티 에어리어, 코너 에어리어, 플랙 포스트, 기술 지역, 골, 골라인 판독기술, 상업 광고, 로고와 엠블럼에 대한 13개항 세칙이 있고, 필요한 경우 그 아래 세세규칙을 두고 있다.

17) 상대를 해칠 목적으로 차징 Charging을 했다면 비신사적이고 위험한 플레이로 간주돼 경고 없이 퇴장(멕시코 월드컵 하석주 선수 사례)까지 가능하고, 과장된 동작으로 심판을 속여 파울을 유도하는 시뮬레이션 액션은 경고 이상으로 처벌된다. 경기장 난동이 선수들에게 심리적 영향을 미쳤다고 판단되는 경우, 경기는 끝났어도 심의를 통해 무효 또는 승리(또는 승점) 자체를 박탈할 수도 있다.

후에도 이전의 상태(무효화)17)로 되돌릴 수 있다. 그러나 전쟁에선 무의미하다. 도덕적 비난과 국제적 고립은 피할 수 없어도, 이전의 상태로 돌아갈 수는 없다. 따라서 스포츠는 "전시에 필요한 전투기술과 체력, 정신력 등을 평소에 견주어 보기 위해 서로가 합의한 규칙과 절차에 따라 경쟁하는 신체 활동"으로 규정할 수 있다. 요컨대 '규범성'이 두 영역을 구분하는 척도가 된다.

중세 축구의 탈脫규범적 성격 때문에 통상 한 경기에서 수십 명의 부상자는 물론이고, 심지어 사망자도 속출했다. 왜 이런 경기가 중세 유럽을 휩쓸었을까? 영국의 '축구금지령Anti-Football Legislation'이 등장한 배경이다. '무제한의 폭력성'에 반대되는 말은 '중독성'이다.

1287년 엑시터Exeter에서 처음 금지령을 선포한 이래, 중독성 강한 축구를 통제하려는 움직임이 처음 있었다. 이후 1314년 런던에선 "시내에서 축구를 하는 자를 투옥"하는 법을 공포했고, 1349년엔 에드워드 3세가 수백 명씩 마을을 돌아다니며 공놀이에 미쳐 있는 국민들이 궁술 등 훈련을 게을리할 것을 우려해 전면 금지시켰다. 군사훈련의 정식종목으로 했던 축구가 찬밥 신세가 됐다. 드디어 1638년 제임스 1세는 "축구는 오히려 단결과 협동심을 길러줘 국방에 유용하다"고 생각해 다시 군의 훈련종목으로 채택했다. 마침내 1680년에 들어 찰스 2세가 축구를 공식적으로 인정함으로써 다시 이전의 상태로 돌아갈 수 있었다. "거의 500년 동안 축구 금지령이 선포된 횟수만 무려 42회에 달한다(Moir, 1974)"는 주장이 옳다면, 대략 10년에 한 번 꼴로 축구금지령이 선포된 셈인데, 그만큼 축구는 법으로도 어찌 못하는 치외법권治外法權의 영역에 있었다.

❼ 그 밖의 것들

경기 일정이 임박하면 애시번은 예전엔 볼 수 없었던 진풍경이 펼쳐진다. 모든 건물 외부에 나무로 만든 가드를 설치하고, 경기장으로 통하는 모든 입구에 경고 간판이 설치된다. 여기엔 방문자들에게 경기 중 발생하는 사고에 유의하라는 경고와 어떤 사고는 본인의 책임이라는 문구가 적혀 있다. 영화에서나 볼 수 있는 살벌한 경고문이다. 경기에 참가하지 못하는 여자들과 어린아이들은 소속팀을 응원하는 서포터 '스웩스S-WAGS[18]'를 결성해 출전하는 남편, 애인 또는 친구를 응원한

[18] Shrovetide Wives And Girlfriends의 약자다.

다. 또한 현지에서만 구할 수 있는 다양한 기념품도 만들어 판매하고, 수익금은 지역사회 발전과 대회 경비로 충당된다. 오늘날엔 축제 성격이 강하지만, 중세 경기는 세계적인 더비에 비해 절대 뒤지지 않는다.

중세 잉글랜드에선 이미 인접한 두 지역 사이의 경쟁이 보편적이었다. 팀도 지리적 중앙을 기준으로 나눴다. 헨모어 강을 중심으로 '어퍼즈 對 다우너즈'로 구분하는 애시번처럼, 체스터Chester는 'Chester-le-Street'를 기준으로 '업스트리터즈Up Streeters 對 다운스트리터즈Down Streeters'로 구분한다. 워킹턴Workington에선 '우피즈Uppies 對 다우니즈Downies', 킹스턴-어펀-템스Kingston-upon-Thames에선 '타운센드Townsend 對 템스-스트리트Thames-Street'로 나눈다. 이는 축구를 시작한 이래 지금까지 바뀌지 않는 원칙이기도 하다. '같은 연고지의 라이벌 간의 피 튀기는 전쟁'을 의미하는 '더비Dirby'의 개념은 이미 이때부터 생성된 것이라는 추론이 가능한 대목이다.

별도의 광장이나 교회를 골문으로 사용한 중세 축구엔 단순한 승패 이상의 상징적인 의미가 있었다. 광장은 마을의 대소사를 관장하는 중추였고, 교회는 신과 인간의 세계를 이어주는 성역으로 광장의 중심지였다. 비록 '공을 교회에 들여 놓는 단순한 행위'에 불과하지만, 이는 곧 치열한 전투에서 적이 가장 완강하게 저항하는 고지나 성을 함락해 깃발을 꽂는 행위와 다를 게 없었다. 이에 실점失點은 그 자체로 '가장 치욕스런 순간'이었다. 광장이나 교회를 점령당하는 수치는 반드시 되갚아야만 하는 숙명의 승부가 됐고, 이는 곧 소속감과 집단정신에 반영됐다. 결국, 같은 연고지를 중심으로 한 더비의 역사는 중세 축구를 통해 영국을 중심으로 유럽 전체에 뿌리내렸고, 훗날 현대 축구의 발족과 함께 다시 꽃을 피우게 된다. 아마 현대 축구에서 더비의 등장은 예정된 수순이었는지도 모를 일이다.

우리나라에는 유럽의 중세 축구와 대적할 만한 스포츠 종목은 없다. 다만 군에서 하는 '격구擊毬'가 필적할 만하다. 부대원 전체가 참가하고, 손과 발을 모두 사용해 골만 성공시키면 되는 규칙이 많지 않은 경기로 비슷한 점이 많다. 군대라면 이런 종목 하나쯤 있어야 한다.

4 전쟁이 잉태한 스포츠, 축구

❶ 서양축구의 전투성

그리스의 에피스키로스는 서양축구의 조상이다. 앞서 이 경기가 로마로 건너가 군에서 하는 군사훈련이 됐다고 했는데, 지금부턴 좀 다른 이야기를 할 것이다. 그렇다면 그리스 공놀이는 전투성과는 전혀 관련 없다는 얘기인지 궁금해졌다. 이를 알아보기 위해선 이 경기를 처음 시작한 시기에 주목할 필요가 있다.

기원전 7~6세기라면, 그리스에선 올림픽 제전경기가 가장 보편적이었다. '달리기(BC776년~720년)'에 이어 '5종경기(BC708년)'가 정식 종목으로 정착됐고, '격투경기(BC688~648년)'와 '전차경주(BC680년)·경마(BC648년)'가 새롭게 선보였다. 그리고 그리스 군사력의 핵심인 중장보병의 무장달리기 '호프리토드로모스 Hoplitodromos'가 가장 늦게(BC520년) 채택돼, 제전의 대미大尾를 장식했다. 여기서 우리는 올림픽 정식 종목들이 대부분 이 시기에 완성됐음을 알 수 있었다. 그렇다면 전장에선 어떻게 싸웠을까? 잘 알려진 바와 같이, 그리스군은 서로 방패를 연결해 거대한 밀집대형으로 적을 밀어 붙여 전열을 흐트러트린 후에 창이나 칼로 쓸어 버렸다. 따라서 어떻게든 견고한 '밀집 전투대형Phalanx'을 유지하는 것이 곧 승리의 핵심이 됐다. 사실 이 전법은 오랜 훈련을 통해 몸으로 체득하지 않으면 절대 나올 수 없는 것이어서 분명 올림픽

어딘가에 있으리란 기대를 가졌지만, 결국 실패하고 말았다.

그러나 그 범위를 올림픽이 아닌 '군대 스포츠'로 확대해 보니 새로운 사실을 확인할 수 있었다. 결론부터 말하면, 일부 그리스에서도 로마와 마찬가지로 군대에서 구기종목을 군사훈련으로 했다는 걸 확인할 수 있었다. 그동안 체육사를 주제로 했던 국내외 선행 연구에서 그 흔적을 찾았다.

스파르타 전사들은 달리기를 비롯해 레슬링, 복싱, 격투(판크라티온), 마술(경마), 원반던지기, 창던지기, 활쏘기, 수영 등을 익혔으며 완전무장한 채 전투동작을 익히는 무용(전무戰舞)과 두 팀으로 나뉘어 '격렬한 구기Ball Game'도 배웠다.(조명렬 · 노희덕 · 나영일〈1997〉과 최성환〈2010〉의 주장을 기초로 재작성했다) 아테네는 초보자에겐 맨손체조(팔운동 위주), 달리기, 원반던지기, 창던지기와 '구기'를 연마하게 했고, 숙련자에겐 장거리달리기와 무장달리기, 멀리뛰기, 원반던지기, 창던지기 등을 익히게 했으며 추가로 수렵, 수영, 승마, 무용 등을 배우게 했다.(한왕택〈2005〉과 최성환〈2010〉의 주장을 기초로 재작성했다) 스파르타와 아테네의 군대에서 했다면 무게감이 실린다.

로마도 군사훈련 중심의 스포츠를 강조했다. 일반 보병은 달리기를 비롯해 권투, 레슬링, 원반던지기, 창던지기, 활쏘기, 수영, 중무장 행군을 했고, 기병은 전차경주, 경마, 기병훈련을 익혔다. 그밖에도 핸드볼, 펀치볼, '축구(하르파스툼)'와 같은 공놀이를 즐겼다.(하남길〈2008〉과 최성환〈2010〉의 주장을 참고해 재작성했다)

로마야 당연하지만, 고대 그리스 축구에 대한 연구자료 가운데 독특한 주장이 있어 눈길을 끈다. 고대 그리스와 로마 스포츠의 대가 해롤드 아서 해리스Harold Arthur Harris 교수에 의하면, 공을 상대 진영의 최후방어선(엔드라인)을 향해 밀고 나가는 모습이 군의 전투모습과 흡사해 저서[19]에서 에피스키로스를 가리켜 '볼 배틀Ball Battle'로 불러도 될 경기종목으로 봤다. 이와 관련해서는 에피스키로스의 다른 이름 '스파이로마키아Sphairomachia'에서 그 흔적을 찾아볼 수 있었다. 말 그대로 볼을 의미하는 'Sphaira'와 전쟁을 의미하는 'Machia'가 합쳐진 말로 볼 배틀과 같은 의미다. 만약 이 주장이 옳다면, 축구를 처음 군사훈련 종목[20]으로 택한 건 로마군이 아니라 그리스군이고, 로마군은 이를 계승·발전시켰다고 수정해야 한다.

[19] Harold Arthur Harris의 저서 'Sport in Greece and Rome(1972)'을 참조했다.

[20] 현대 군사교리에 적용해 좀 더 정확하게 표현하면, 훈련은 대상에 따라 개인훈련과 부대훈련 또는 전술훈련으로 나눈다. 따라서 여기서 말하는 군사훈련은 후자(부대훈련)에 해당된다.

비록 올림픽엔 없지만, 이미 군대에선 인기 있는 스포츠였다는 사실은 매우 중요한 의미가 있다. 요컨대 축구는 올림픽에 부족한 집단 전투성을 숙달하는 데 제격이었기 때문이다. 올림픽 개인종목으로 전사(개인)를 훈련시키고, 군대스포츠 축구를 통해 부대를 훈련시킴으로써 비로소 훈련체계가 완성되었다. 이후 로마 군단은 군대 축구를 더욱 심화시키고, 유럽 전체로 전파시켜 글로벌 스포츠로써 외연을 확장하는 데 크게 기여했다. 그러나 이런 주장을 하기엔 아직 관련 연구나 사료가 충분하지 않아 아직 소수 의견에 가깝다.

❷ 동양축구의 전투성

중국의 츄슈는 동양축구의 조상이다. 츄슈의 시기도 중요하다.

기원전 3세기 '전국시대戰國時代'는 소위 군웅할거群雄割據의 시기로 제한된 공간에 너무 많은 국가들이 생존을 다투다보니 스스로를 지킬 수 있는 '강력한 힘'이 필요했다. 이 근원에 강한 군대는 모든 국가 지도자의 지상과업이었다. '츄슈'는 이런 요구에 적극 부응했다. 서양과 다를 바 없었다.

같은 목적과 배경에서 탄생했지만, 츄슈의 경기 방식은 서양과 사뭇 달랐다. 특히, 손을 사용할 수 없도록 규정하고, 여러 개의 구멍에 공을 넣는 모습은 서양엔 없는 독특한 장면이었다. 손을 사용하지 않았음에도 불구하고, 경기의 격렬함은 다른 경기를 압도했다. 츄슈는 진秦-한漢-당唐-송宋나라를 거치며 최고의 인기를 누리며 중독성 강한 스포츠가 됐다. 황실에서 나서서 적극 권장해 온 국민이 즐겨 했고, 특히 군에선 황제가 직접 관람할 정도로 특별한 대우를 받았다. 영화 적벽대전의 츄슈 장면이나 오늘날 훈련참관 또는 부대사열과 크게 다르지 않다. 중국의 츄슈만큼은 전시를 대비한 군대축구로 그리스나 로마의 축구에 대적할 만했다.

사실 서양 사례에 소개한 나라들은 모두 현대 축구의 강국들이다. 심지어 우리나라와 일본도 아시아에선 강국인데 하필 중국만 그렇지 못하다. 이유가 있을까? 그것도 서양의 그 어떤 축구보다 현대 축구에 닮아 있는데도 축구 성적은 별로다. 여기엔 긴 이야기가 숨어 있다.

당·송까지 높은 인기를 누렸던 츄슈가 원元의 등장으로 쇠락의 길을 걷게 되었다. 유목민족 원은 견고한 지배력을 유지하기 위해선 한족漢族의 모든 것을 부정할 필요가 있었다. 급기야는 츄슈도 이때 법으로 금지됐다. 황제를 비롯해 온 백성이 즐기던 남성미 넘치는 국기國技가 아녀자의 놀이와 광대의 기예技藝가 되어 버렸다. 요컨대 전투성을 상실한 것이다. 이로부터 츄쥬는 1,000년의 번성기를 뒤로 하고, 역사 뒤안길로 사라지는 운명을 맞이했다.

오늘날 중국의 '츄쥬 부활'과 '축구 진흥' 노력은 남다르다. 2005년 고대 츄쥬가 가장 성행했던 산둥성山東省 임치臨淄[21]에 대규모 츄쥬박물관을 건립했다. 가장 오래된 체육 교과서 '츄쥬 25편'을 비롯해 각종 유물과 그림을 전시하고, 전문 기예단의 공연도 보여준다. "세계 축구는 츄쥬에서 기원했다世界足球起源于蹴鞠"를 홍보한다. 2006년엔 국가 무형유산으로 등재해 츄쥬 부활에 전폭적인 지원을 결정하고, 2007년 드디어 스위스 로잔에 위치한 피바 본부에 츄쥬 조각상을 세웠다. 성스러운 공의 기원("성구지원聖球之源")과 "세계 축구의 기원지, 중국 임치BIRTHPLACE OF WORLD FOOTBALL, LINZE CHINA"라는 글귀를 새겼다. 이게 다가 아니다. 2008년 초강대국 미국의 지위에 도전하는 베이징 올림픽에선 츄쥬 공연을 세계에 선보였고, 2009년엔 앞서 소개한 적벽대전 2편에 츄쥬를 삽입해 스크린도 점령했다. 이와 병행해 인프라 등 축구에 어마어마한 투자를 아끼지 않고 있다. 세계의 유명 감독이나 선수들을 대거 영입해 자국 리그부터 수준을 끌어올리고 점점 외연을 확장하고 있다. 2만개 축구전문학교와 200개 대학축구팀 설립에서부터 세계적인 명문구단의 인수도 진행해 아시아 최강 리그와 국가대표 육성을 거쳐 월드컵 개

[21] '전국책戰國策'과 '사기史記'에 의하면, "츄쥬가 가장 번성했던 산둥성 임치에 약 7만 가구가 거주했는데, 주민들은 신체도 건장하고, 음악과 츄쥬 등 문화생활을 즐겼다"는 기록이 있다.

2007년, 중국 축구협회가 스위스 로잔에 위치한 피파 본부를 방문해 전달한 조각상

최로 가는 축구굴기足球崛起를 진행하고 있다.

이런 중국의 노력은 최근 피파 랭킹에서도 증명되고 있다. 불과 몇 년 전만해도 100위권에 머물렀지만, 2017년 들어 50위권으로 진입해 잠깐이나마 한국을 추월22)한 적도 있었다. 이제 공한증恐韓症을 극복했다고 호언장담하는 중국 축

22) 피파 랭킹에선 중국은 2013년 100위권에서 2015년 80위권으로 약진했고, 2017년 10월엔 57위로 한국(62위) 보다 5계단이나 추월했다. 중국이 한국을 앞선 건 통계를 발표한 이래 처음이었다.

축구는 영국에서 처음 시작한 것인가? 61

구가 축구광 시황제의 바람대로 축구에서 중국몽中國夢을 언제 이룰지 두고 볼 일이다.

❸ 전쟁과 함께 진화한 축구

기원전 동서양의 강대국이 약속이나 한 것처럼 유사한 전투 스포츠를 발전시켰다는 사실은 놀랍기만 하다. 축구는 전쟁이 끊이지 않았던 시기에 나라마다 군대를 양성하는 중요한 훈련과목으로 외세에 대한 저항과 독립, 민족정신을 훈육하고, 고취시켜 왔다. 현대 축구의 폭력성이나 중독성은 이미 이때부터 시작된 게 분명하다.

오늘날 축구는 전 세계에서 열광하는 스포츠지만, 유럽을 주목하는 건 전쟁과 닮은 축구 덕분이다. 특히, 바다 건너 영국은 유별났다. 영국은 이미 1~5세기에는 로마의 속주 브리타니아Britania였고, 8~10세기 동안에는 바이킹Viking의 지배를 받았으며 중세에는 성지회복을 위해 100년이 넘는 해외원정과 왕위계승 등으로 오랜 전쟁에 시달려, 전쟁이 일상이었다. 로마군을 물리친 것을 기념하기 위해, 데인족을 몰아낸 기념으로 축구를 했고, 이것이 오늘까지 이어지고 있다. 앞서 강조한 체스터나 킹스온템즈 등 중세 축구를 하는 곳은 이런 역사적 사건과 무관하지 않다. 한 연구에 의하면, 데인족이 물러났을 때 무덤에서 죽은 자의 해골을 파내 발로 찼다는 기록이 있을 정도였다. 그러나보니 자연히 축구는 스포츠보다는 전투에 가까울 수밖에 없었다. 세계에서 축구를 좋아하는 나라치고 이런 사연 한둘은 꼭 있기 마련인데, 실력은 부족해도 절대 질 수 없는 게 축구다. 이 모든 것이 전쟁과 공진화한 축구가 남긴 유산이다.

    현대 축구도 가히 전쟁 수준에 있다. 라이벌 간의 경기는 매 경기가 목숨을 건 전투처럼 치열해지고, 선수들과 운명을 함께 한 서포터 간의 응원경쟁, 경기장 내외에서 벌이는 폭력사태로 부상자는 물론 사망자까지 끊이지 않고 있다. 격렬한 경기일수록 후원사들의 보이지 않는 전쟁도 점점 심해지고 있다. 이런 현상은 한두 해에 만들어진 게 아니다.

5 축구 기원설, 그 오랜 논란의 끝

서양과 동양의 축구 조상을 모두 살펴봤다. 우리가 잘 아는 "축구의 종주국宗主國, 영국"이 '발상지'를 의미하는 건 아니다. 현대 축구의 발상지로 영국을 지목할 수 있을지는 앞서 소개한 이야기를 종합하면 알 수 있다.

이제 오랜 '축구 기원설'에 대한 나름의 연구를 정리하면 다음과 같다. 동서양의 고대 축구는 공을 사용하는 단체경기로 이미 태생부터 전투를 위해 군대에 필요한 집단전술과 협동성을 고취시키는 정식 훈련종목이라는 공통점을 발견할 수 있었다. 그러나 경기방식 등 구체적인 모습은 차이가 많았다. 전투처럼 별도의 규칙이 없었던 서양의 축구는 손을 포함해 모든 신체부위를 이용해 상대 엔드라인을 통과하거나 약정된 지점에 공을 들여 놓는 것으로 승부를 가렸다. 동양과 비교해, 보다 전투에 가깝지만 현대축구와는 거리가 멀다. 반면 동양의 축구는 모두 손의 사용을 금지하고, 특히 중국의 츄슈는 경기장 끝에 마련한 6개의 구멍(골문)에 공을 넣는 방식으로 진행됐다. 덜 전투적이었지만, 현대 축구와 더 가깝다.

이와 관련해, 피파 창립 100주년이 되는 2004년은 매우 중요한 한 해였다. 피파는 기념식에서 영국에 '축구 종주국 인증서'를 수여했다. 그런데 같은 해, 피파 회장과 아시아축구연맹 회장이 아시아컵대회 개회식에 참석해 마치 약속이라도 한 것처럼 "중국이 축구의 발상지"임을 언급[23] 했다. 그리고 연말에 피파 홈페이지에 한 연구 논문을 인용해 '축구의 중국 기원설'을 공식 인정[24] 한 바 있다.

결론적으로 현대 축구와 유사성 관점에서는 중국을 '축구 발상지'로 보는 것이 타당하고, 영국은 경기규칙, 팀 편성, 협회 등 축구 근대화와 대중화를 견인해 세계화에 기여한 공로를 인정해 기존의 '축구 종주국' 지위를 유지하는 게 옳다.

[23] 2004년 7월, 중국에서 열린 아시안컵축구대회 축사에서 제프 블래터 Joseph Blatter 피파 회장은 "축구가 중국 산둥성 임치에서 처음 시작됐다는 중국 축구협회측 견해에 동의한다"고 밝혔다.

[24] 2004년 10월, 피파 홈페이지(www.fifa.com)에 스위스 취리히대학의 헬무트 브링커 Helmut Brinker 교수의 연구 결과를 근거로 '축구의 발상지 The Cradle of Football'라는 제목의 사설에서 '축구의 중국 기원설'을 지지했다. 축구의 중국기원설에 대한 첫 공식 선언이었다.

1 전쟁 같은 라이벌전, 더비(Derby)

2 세계의 더비
    ① 스페인의 엘 클라시코(El Clasico)
    ② 스코틀랜드의 올드펌 더비(Old Firm Derby)
    ③ 잉글랜드의 머지사이드 더비(Merseyside Derby)
    ④ 잉글랜드의 레즈 더비(Reds Derby)
    ⑤ 독일의 레비어 더비(Revierderby)
    ⑥ 이탈리아의 밀란 더비(Milan Derby)
    ⑦ 아르헨티나의 수페르 클라시코(El Super Clasico)
    ⑧ 터키의 이스탄불 더비(Istanbul Derby)
    ⑨ 세르비아의 베오그라드 더비(Belgrade Derby)
    ⑩ 대한민국의 슈퍼 매치(Super Match)
    ⑪ 세계 최초의 더비

3 대한민국의 더비
    ① 일제에 항거한 더비   ② 실현되지 못한 한반도 더비   ③ 좀 더 특별했던 군(軍) 더비
    ④ 기분 좋은 더비, 코리안 더비(Korean Derby)

4 세계 축구를 이끈 전쟁 같은 더비

3

축구 라이벌 전쟁

1 전쟁 같은 라이벌전, 더비(Derby)

더비는 축구에서 자주 사용하는 용어로 유래에 대해선 여러 주장이 분분하다. 18세기의 경마경기 'The Derby'에서 유래했다는 주장도 있고, 19세기 잉글랜드 더비셔Derbyshire 주의 더비Derby에서 열린 축구경기(기독교 사순절 기간에 열린 성베드로St Peters 팀과 올세인트All Saints 팀의 축구경기)를 뿌리로 보기도 한다. 또한 앞서 언급한 12세기 잉글랜드 전역에서 즐겼던 슈로브타이트 풋볼25)에서 그 유래를 찾기도 한다. 원래는 '같은 지역을 연고지로 하는 두 팀의 라이벌 경기'를 뜻하는 용어였으나, 점차 확장돼 같은 지역이 아니더라도 '치열한 라이벌Rival 간의 매치'를 의미하기도 한다. 연고지와는 무관하게 나라를 대표하는 팀들 사이의 매치를 특별히 '내셔널 더비 National Derby'로 부르기도 한다.

25) 앞서 소개한 내용으로 필자도 이 주장과 같은 소견을 가지고 있다.

세계엔 정말 많은 더비가 있다. 2008년부터 2012년까지 세계 정상에 있었던 스페인엔 세계에서 가장 권위 있는 레알 마드리드와 바르셀로나의 '엘 클라시코El Clásico'가 있고, 잉글랜드에는 붉은 유니폼을 입는 맨체스터 유나이티드와 리버풀의 '레즈더비Reds Derby'와 리버풀과 에버튼의 '머지사이드 더비Merseyside Derby'가 있다. 스코틀랜드에는 글래스고를 연고로 하는 셀틱과 레인저스의 '올드펌 더비Old Firm Derby'가 가장 볼만하다. 독일 분데스리가의 살케04와 도르트문트의 '레비어 더비Revierderby'와 이탈리아 세리에A에서는 밀라노를 연고지로 하는 AC밀란과 인터밀란이 벌이는 '밀란 더비Milan Derby'가 제일 유명하고, 아르헨티나에서는 부에노스아이레스를 연고지로 하는 보카주니어스와 리버플레이트의 경기를 '수페르 클라시코El Super Clasico'라 부른다. 이 밖에도 터키의 '이스탄불 더비Istanbul Derby'와 세르비아의 '베오그라드 더비Belgrade Derby'도 빼놓을 수 없고, 우리의 K-리그에는 서울과 수원삼성의 '슈퍼매치Super Match'가 볼만하다. 이름만 들어도 심장이 뛴다.

세계의 더비. 엘 클라시코, 레즈 더비, 머지사이드 더비, 올드펌 더비, 밀란 더비, 수페르클라시코, 슈퍼매치

2 세계의 더비

❶ 스페인의 엘 클라시코(El Clásico)

'고전' 또는 '전통'의 승부를 의미하는 '엘 클라시코'는 세계에서 최고의 명문구단 카스티야Castilla의 레알 마드리드 CF Real Madrid Club de Fútbol(1902년 창단)와 카탈루냐Cataluña의 FC 바르셀로나 Futbol Club Barcelona(1899년 창단)의 더비를 말한다. 매 경기마다 9만 명 이상의 관중이 경기장을 찾고, 전 세계 5억 명 이상의 열성 팬들이 본방을 사수하는 최고의 더비다. 이름에도 알 수 있듯이 100년이 넘는 오랜 역사를 자랑한다. 1902년 스페인 국왕컵대회에서 처음 만난 후 270회가 넘는 숙명의 결투를 이어오고 있는데 역대 전적은 바르셀로나가 근소하게 앞서고 있다.[26] 사실 두 지역은 더비 이전부터 오랜 대립과 갈등의 역사를 가지고 있었다. 8세기 이베리아 반도 남부 지역이 무어Moors 족에게 점령되면서 5개의 왕국으로 분리되었다가, 15세기 말 마드리드를 중심으로 세력을 키운 카스티야 왕국이 중심이 돼 주변 왕국을 통합하면서 스페인 왕국을 건설했다. 이때 지중해 무역으로 부를 축적한 바르셀로나의 카탈루냐만은 독립을 주장하며 저항하면서 갈등과 대립의 역사가 시작됐다. 끊임없이 독립을 원하는 카탈루냐와 이를 막아야 했던 카스티야의 갈등과 대립은 축구에서 숙명

---

[26] 2017년 12월 현재, 친선경기를 포함한 역대전적에서 바르셀로나는 레알 마드리드를 상대로 270 경기 가운데, 112승 - 59무 - 99패의 성적을 거두고 있다.

의 대결을 펼쳤다. 클럽의 창단 배경, 운영, 선수충원 방식은 물론이고 클럽이 지향하는 방향성까지도 완전히 상반됐다. 이미 태생부터 라이벌이었다.

비교적 최근까지 두 팀이 고수해 왔던 운영방식을 비교해 보면, 재미있는 사실을 알게 된다. 레알 마드리드는 로고에서도 알 수 있듯이 축구광이었던 국왕 '알폰소 13세'가 너무 좋아한 클럽으로 자신의 왕관 문양과 왕가에서 인정한 팀이란 의미로 '레알Real'을 하사할 정도로 정책적으로 전폭적인 지원을 받았다. 반면, 바르셀로나는 사정이 달랐다. 특히, 과거 통일 왕국에 대항한 전적에다, 스페인 내전 당시 프랑코 정권에 반기를 들어 완전히 미운 털이 박혀 버

[표5] 레알마드리드와 바르셀로나 클럽 운영 비교(2000년대 중반까지)

	구분	
1902년/마드리드	창단/연고	1899년/바르셀로나
카스티야 마드리드 (산티아고 베르나베우)	연고지 (홈구장)	카탈루냐 바르셀로나 (캄프 누)
갈락티코Galactico *은하수처럼 스타선수가 많다는 의미	애칭	로스 블라우그라나Los Blaugrana *전통의 진홍색-푸른색 의미
서폰서십	구단경영	시민들의 모금
유명 선수 스카우팅	선수충원	칸다라Candara *유소년 유망주 육성/선발

렸다. 때문에 언어와 깃발도 쓰지 못하고, 팀 이름까지 공공연하게 억압을 받았다. 캄프 누(바르셀로나) 경기장에 흔히 볼 수 있는 슬로건 "카탈루냐는 스페인이 아니다Catalonia is not Spain!"는 이런 배경에서 나왔다. 오랜 세월 이 둘은 완전히 상반된 클럽으로 진화했다. 왕실의 팀, 레알 마드리드는 중동의 오일달러를 가진 스폰서의 경제력을 기반으로 호나우두, 베컴, 호날두로 이어지는 스타플레이어를 영입해 화려한 '우주 방위군'이란 별명도 얻었다. 반면, 바르셀로나는 리오넬 메시처럼 유소년을 키워 스타로 만드는 시스템을 갖고 있고, 팬들이 주주인 '시민 구단'으로 광고도 받지 않는 진정한 스포츠클럽임을 자랑으로 여긴다. 물론 지금은 많이 달라졌지만, 적어도 2006년까지만 해도 이 원칙은 준수됐다.

이 두 구단은 경제전문지 포브스가 매년 실시하는 세계 축구클럽의 가치 평가에서도 순위가 높다. 2013~16년 기간 중에는 레알 마드리드와 바르셀로나가 각각 1·2위를 차지했지만, 2017년에는 맨유[27]에 정상을 내주고, 바르셀

---
27) 잉글랜드의 맨체스터 유나이티드도 높은 평가를 받아 온 명문 구단으로 2012년까지 무려 9년 동안 정상의 자리에 있었다. 세계적인 축구 클럽의 정상은 맨유, 바르셀로나, 레알 마드리드의 3파전이다.

[표6] 포브스 평가 세계 축구클럽 가치 순위(억불)

구분	2017년	2016년	2015년	2014년
1위	맨유(36.9)	레알마드리드(36.5)	레알마드리드(32.6)	레알마드리드(34.4)
2위	바르셀로나(36.4)	바르셀로나(35.5)	바르셀로나(31.6)	바르셀로나(32.0)
3위	레알마드리드(35.8)	맨유(33.2)	맨유(31.0)	맨유(28.1)

※ 2017년 발표에 의하면, 달라스 카우보이(미식축구, 42억불), 뉴욕 양키스(야구, 37억불)를 제외하면, 위의 세 축구 클럽이 모든 프로축구 클럽 가운데 가장 높은 평가를 받았다.

로나가 2위에, 레알 마드리드가 3위를 차지했다. 둘은 여기서도 박빙의 승부를 이어가고 있다.

❷ 스코틀랜드의 올드펌 더비(Old Firm Derby)

'올드펌 더비'는 스코틀랜드의 글래스고Glasgow를 연고로 하는 셀틱 FC Celtic Football Club(1887년 창단)와 레인저스 FC Rangers Football Club(1872년 창단) 간의 라이벌전을 말한다. 올드펌이란 '오랜 동료'란 의미지만, 실제 경기만 보면 절대 친구로 보이진 않는다. 탄생부터가 심상치 않다. 레인저스는 스코틀랜드 북부 고산지대에 사는 청년들이 글래스고에서 유명한 럭비 팀의 이름을 따서 만들었고, 셀틱은 아일랜드에서 이주한 공장 노동자들이 만든 팀이다. 모든 것이 생소한 이주민들에게 셀틱은 유일한 자부심이자 희망이었다. 반면 이주민을 눈엣가시처럼 생각했던 토착민들은 축구로 기고만장한 이방인을 더 이상 봐 줄 수가 없었다. 셀틱과 레이저스의 경기는 자연스럽게 국가 간 대결구도로 이어졌다. 여기에 가톨릭(아일랜드)과 개신교(스코틀랜드)의 종교적 갈등이 더해졌다. 경기장에서 만나게 되는 상대 깃발과 응원가는 둘 사이의 경쟁을 더 부추겼고, 충돌은 예정된 수순이었다. 매 경기마다 선수는 물론이고 서포터에 의한 폭력사태와 이로 인한 부상과 사망자가 나오기도 했다. 둘 사이의 갈등이 빚어낸 과격한 폭력성으로 세계에서 가장 위험한 더비 중 하나가 됐다.

이들의 첫 격돌은 스코틀랜드 프리미어리그가 시작된 1890년으로 거슬러 올라간다. 무려 130년 동안 400회가 넘는 더비 결과, 레인저스(159승)가 셀틱(144승)보다 약간 앞서 있다. 리그에서도 우승과 준우승을 도맡아 하는 라이벌인데, 최근 무슨 일인지 두 팀의 경기를 볼 수 없었다. 알고 보니, 레인저스가 지난 2012년 프리미어리그에서 강제 퇴출당한 일이 있었다. 이때 당한 사기 때문에 세금 체납액을 회수하기 위해 대물변제를 조치하며 해단 절차를 밟았고, 140년 전통의 최고 명문구단은 4부 리그로 강등되는 수모를 겪어야 했다. 그래도 레인저스는 4년의 절치부심切齒腐心 끝에 2016년 1부 리그로 돌아올 수 있었다. 레인저스가 없는 동안, 셀틱은 2016-17 시즌까지 연속 6회 우승을 거두며 독주체제를 굳혔다. 과연 언제쯤 이전의 상태로 돌아갈지 궁금해진다.

❸ 잉글랜드의 머지사이드 더비(Merseyside Derby)

'머지사이드 더비'는 잉글랜드 머지사이드 주의 리버풀을 연고지로 한다. 리버풀 FC Liverpool Football Club(1892년 창단)와 에버턴 FC Everton Football Club(1878년 창단)가 그 주인공이다. 1894년부터 시작된 두 팀의 인연은 좀 특별하다. 에버턴이 땅 주인과 마찰로 '안필드Anfield'를 떠나 '구디슨파크Goodison Park'로 홈구장을 옮기게 되자, 비어 있는 '안필드'에 리버풀이 자리를 잡으면서 더비는 시작됐다. 머지강Mersey River을 중심으로 위(구디스파크)와 아래(안필드)28)에 위치한 두 팀의 대결이라 붙여진 이름이다. 오랜 역사만큼이나 격렬하고 과격하기로 유명하다. 특히, 리그 가운데 가장 많이 퇴장된 기록은 역설적이게도 두 팀

---

28) 영국 중세축구에는 지역 내 기준점을 중심으로 위와 아래로 나누는 전통이 있다. 애시번의 로열 슈로브타이드 풋볼 역시 헨모어 강을 중심으로 어퍼스(위)와 다우너스(아래)가 대결하는 구도다.

의 훈장처럼 늘 팬들의 자랑거리다. 1992년 잉글랜드 프로축구가 프리미어 리그(EPL)로 재탄생한 이후, 모두 31차례 격돌한 매치에서 무려 16명이 퇴장당한 기록은 리그 역사상 단연 톱이다. 두 팀의 경기 사진에는 유독 선수들이 엉켜 있거나 경고 또는 퇴장당하는 장면이 많은데, 짐작하는 바와 같이 결코 우연은 아니다. 한 선수가 득점한 후 반대편 관중석 앞에서 멋진 세리모니를 했다가, 봉변당하기 일쑤였다. 반면, 팬들 사이에서는 두 팀 모두를 응원하는 가족 단위 서포터가 많이 있다. 'Friendly Derby'라는 귀여운 애칭이 붙은 이유다. 이런 경우 양 팀 팬들이 서로 섞여서 응원하는 장면을 볼 수 있다. 역대 성적은 전체 208 경기에서 리버풀이 조금(79대 65) 앞서 있다.

❹ 잉글랜드의 레즈 더비(Reds Derby)

'레즈 더비'는 잉글랜드 프리미어 리그 최고 명문구단 맨체스터 유나이티드 FC Manchester United Football Club(1878년 창단)와 리버풀 FC Liverpool Football Club(1892년 창단)의 라이벌 매치를 말한다. 두 팀 모두 홈에서 붉은 유니폼을 입기 때문에 붙여진 이름이다. 항구도시 리버풀과 내륙에 위치한 산업도시 맨체스터에는 지리적·경제적 갈등이 숨어 있었다. 전통적으로 맨체스터에서 생산된 공산품을 공급하려면, 반드시 리버풀을 통해야 했다. 그런데 1894년 맨체스터 운하가 개통되면서 리버풀은 큰 타격을 입게 되고, 급기야는 항구도시의 기능을 상실하기에 이르렀다. 가뜩이나 바로 옆에 붙어 있어 서로 사이가 좋지 않은데다, 운하의 등장은 두 지역의 감정을 극도로 악화시켰다. 리버풀의 경제상황이 나빠지면 맨체스터 때문이라 생각했고, 이런 리버풀의 반응이 이해할 수 없다며 맨체스터도 대립각을 세웠다. 급기야 둘의 감정은 축구 경기장에서 폭발했다. 최근 맨체스터 유나이티드와 맨체스터 시티의 더비가 더 흥행하는 바람에 상대적으로 인기가 떨어지는 느낌이 있지만, 유독 맨체스터 유나이티드에 강한 리버풀 덕분에 여전히 긴박감 넘치는 매력적인 더비임에 틀림없다.

❺ 독일의 레비어 더비(Revierderby)

29) 루르 지역엔 모두 7개의 축구팀이 있다. 이 가운데 가장 대표적인 도르트문트와 샬케의 '레비어 더비'와 구분하기 위해 나머지 '작은 레비어 더비'로 부르기도 한다.

'레비어 더비'는 루르Ruhr 지방에 두 라이벌 간의 경기29)로 지역 이름을 따서 '루르 더비'라고도 한다. 더비의 주인공인 보루시아 도르트문트Borussia Dortmund(1909년 창단)와 FC 샬케 04FC Schalke 04(1904년 창단)는 세대 간 갈등에서 비롯됐다. 과거 광산이 있었던 켈젠키르헨에 위치한 샬케는 어른들이 주축으로 만든 클럽이고, 도르트문트는 청년들이 축구하는 걸 탐탁지 않게 보는 어른들에 대한 반감으로 만든 축구 클럽이다. 과거 라인강의 기적을 일군 광부들의 정신이 서린 샬케와 젊은 패기가 만든 도르트문트의 앙숙관계가 긴 역사만큼이나 골이 깊다. 경기가 있는 날이면 지역 경찰이 총출동하는 건 물론이고, 두 지역을 이어주는 대중교통(전철)도 중단시킬 정도다. 좀 오래됐지만, 1969-70 시즌에는 이런 에피소드가 전해진다. 경기는 원정팀 샬케가 리드하고 있는 가운데 도르트문트 경기장에 배치된 안내원이 안내 견의 목줄을 놓치는 바람에 샬케 선수의 다리를 무는 사건이 발생했다. 그날 경기는 잘 마쳤지만, 도르트문트가 원정 가서 하는 다음 경기가 문제였다. 경기장에 갑자기 이상한 동물이 등장해 관중석에선 난리가 났다. 과연 어떤 동물일까? 홈경기를 하는 샬케 응원단이 사자 한 마리를 경기장 입구에 묶어 둔 것이다. 어떻게 구했는지 모르겠지만, 상대 선수와 원정 팬들을 심리적으로 압박하는 수단으로 사자까지 동원하다니 상상 이상의 일이다.

❻ 이탈리아의 밀란 더비(Milan Derby)

이탈리아에 위치한 세계 패션의 중심지 밀라노를 연고지로 하는 '밀라노 더비'가 있다. 통상 영어식 표현인 '밀란 더비'가 더 친근하다. 여기엔 세계에서 네 번째로 큰 두오모 대성당Duomo di Firenze이 자리하고 있는데, 그 꼭대기에 있는 성모 마리아상을 본 따 '데르비 델라 마도니나Derby della Madonnina'라고도 부른다. 아소시아치오네 칼치오 밀라노Associazione Calcio Milano(1899년 창단)와 FC 인테르나치오날레 밀라노Football Club Internazionale Milano(1908년 창단)30)가 더비의 주인공이다. 1899년에 밀란 풋볼-크리켓 클럽에서 독립해 AC 밀란이 됐는데, 당시 북부 도시들을 물리치고 세 차례나 리그 우승을 차지하며 주목을 끌었다. 그러나 밀라노 상류층과 연결된 선수들로만 구단을 채운 사실이 드러나면서 분노한 시민들이 다른 나라의 선수를 영입해 새로운 팀을 만들었다. 1908년 이른바 '세계 선수들로 편성'된 팀이란 의미로 '인테르 나치오날레 밀라

30) 통상 줄여서 'AC 밀란'과 '인터 밀란'으로 부른다. 밀란 더비는 여기서 유래했다.

노'를 창단했다. 이때부터 부유층이 만든 AC 밀란과 시민들이 지지
하는 인터 밀란의 전쟁은 시작됐다. 이미 태생부터 앙숙이다 보니
산시로San Siro에 위치한 두 팀의 홈구장인 쥬세페 메아차Giuseppe
Meazza 경기장은 아예 양 서포터가 충돌하지 못하도록 분리시켜
접촉 자체를 원천 봉쇄하고 있다. 전쟁 같은 경기나 응원도 볼만 하
지만, 두 팀의 상징전쟁도 아주 인상적이다. 경기장에 가득한 각종
엠블럼과 깃발, 포스터에는 온통 괴물 천지다. 붉은 악마 '디아블로
Diavolo'는 AC 밀란의 상징이고, 인터 밀란은
거대한 푸른색 뱀 '비시오네il Biscione'을 사용
31)한다. 더비에선 선수뿐 아니라, 열정을 상징
하는 빨강과 적에게 공포를 주는 검정을 혼합한
악마와 과거 무어족Moors을 물리친 비스콘티Visconti 가문의 상징
인 뱀도 함께 싸운다. 경기장에는 악마가 뱀의 목을 조르거나, 뱀이
악마를 칭칭 감은 다소 유치하고 원색적인 포스터와 이를 형상화한
카드섹션도 등장한다.

31) AC 밀란의 상징인 디아블로는 붉은 색이고, 인터 밀란의 상징인 뱀은 푸른 색이어서, 우리의 연고전처럼 자연스럽게 색으로도 구분된다.

❼ 아르헨티나의 수페르 클라시코(El Super Clasico)

아르헨티나의 수도 부에노스아이레스Buenos Aires를 연고로 하
는 두 팀이 있다. 리베르플라테Club Atlético River Plate(1901년 창단)
와 보카 주니어스Club Atlético Boca Juniors(1905년 창단)다. 남미 최
고의 라이벌전으로 평가되는 '수페르 클라시코'다. 이 더비도 밀란
더비와 유사한 대립 구조를 가지고 있다. 전통적으로 보카는 노동
자들이 주축이고, 리베르는 중산층이 중심인 팀으로 양쪽 서포터를

합치면 아르헨티나 축구팬의 70%를 차지할 정도다. '로컬 더비'면서 나라를 대표하는 '내셔널 더비'인 셈이다. 아르헨티나 입장에선 '스페인의 엘클라시코를 능가하는 더비'라는 자부심을 가질 만하다. 슈페르 클라시코라라는 이름이 붙은 이유다. 양 팀의 서포터 간 독특한 응원 전통이 있다. 경기가 있는 날이면 경기장 주변은 온통 돼지와 닭으로 가득찬다. 리베르에선 그들보다 가난한 보카 팬들이 늘 '고약한 냄새'가 난다해서 '돼지'라 부르고, 반대로 보카에선 리베르 팬들이 '겁쟁이'라는 의미로 '닭'에 비유해 구호와 노래를 부르며 상대를 조롱한다. 상대 비방은 화려한 불꽃, 꽃가루, 깃발, 휴지폭탄 등으로 이어져 한껏 분위기를 고조시키고 급기야는 폭력사태와 인명사고를 초래하기도 한다. 영국 신문 '옵서버'는 슈페르클라시코를 '죽기 전에 꼭 봐야 할 50가지 스포츠 이벤트 중 첫 번째'로 꼽았고, 스코틀랜드의 올드펌 더비보다도 격렬한 경기로 평가[32]한 바 있다.

> 32) 당시 신문에는 "부에노스아이레스에 더비가 있는 날이면 올드펌은 초등학교 공차기가 된 것처럼 보였다"는 기사가 실렸다.

❽ 터키의 이스탄불 더비(Istanbul Derby)

터키는 지난 2002년 한일월드컵에서 만나 진한 우정을 나눈 우리의 형제 국가로 축구 강국이다. 터키에선 '이스탄불 더비'가 가장 으뜸이다. 이스탄불을 연고지로 하는 갈라타사라이Galatasaray(1905년 창단)와 페네르바흐체Fenerbahce(1907년 창단)의 더비다. 슈페르클라시코처럼 두 팀의 팬이 전체 인구의 70%에 이르는 로컬이면서 내셔널 더비다. 1909년에 첫 경기를 가진 이래 110년 동안 무려

400회가 넘는 맞대결을 펼쳤다. 매 경기마다 무장경찰은 물론이고 방화에 대비한 소방관과 안전 요원까지 동원된다고 하니 그 격렬함이 짐작된다. 두 팀은 1900년대 이스탄불 주재 영국인들이 만든 스포츠클럽에 대항하기 위해 만들어졌다. 갈라타사라이는 갈라타사라이 고등학교 출신이 주축이고, 페네르바흐체는 시민들이 만든 클럽이었다. 창단 초기엔 서로에게 좋은 라이벌로 상생관계를 유지했으나 1959년부터 출범한 축구 리그에서 우승을 다투는 맞수가 되면서 경쟁은 고조됐다. 1988년 리그가 민영화되면서 클럽의 주요 수입원이 되는 기념품 사업을 두고 첨예하게 대립했다. 당시 터키엔 큰 점수 차로 승리하는 쪽이 기념품을 만들어 판매하는 전통이 있었다. 2001-02시즌엔 페네르바흐체가 6대0으로 이겨 '머플러'를 만들어 판매했고, 다음 해엔 5대1로 이긴 갈라타사라이가 '티셔츠'를 제작해 팔았다. 볼 때마다 굴욕적인 패배의 기억이 되살아나는 기념품은 매번 상대의 심기를 건드렸고, 그라운드에 관중 난입과 소소한 폭력사태가 있더니 아예 더비의 전통으로 자리 잡혔다.

❾ 세르비아의 베오그라드 더비(Belgrade Derby)

지금은 해체된 구 유고슬라비아(이하 '유고')도 축구에선 둘째라면 서러운 강국이었다. 유고에서 독립한 세르비아의 베오그라드에는 악명 높은 더비가 있다. FK 츠르베나 즈베즈다Fudbalski Klub Crvena Zvezda(1945년 창단)와 FK 파르티잔Fudbalski Klub Partizan(1945년 창단)의 '베오그라드 더비Belgrade Derby'다. 모두 같은 해에 탄생한 형제 팀이지만 모태는 다르다. 츠르베나 즈베즈다는 내무부 소속이고, 파르티잔은 국방부 소속의 팀으로 '정부 부처의 더비'인 셈이다. 서포터는 독특하게도 '영웅'을 의미하는 '델리예Delije'로 불리는데 이들의 격돌은 말 그대로 전쟁 수준이다. 워낙 화염을 많이 사용해 아예 보이지 않을 뿐더러, 수시로 스탠드에 불을 질러 공포 분위기를 조장한다. 이러다보니 징조가 보이면, 대기 중인 무장경찰이 총을 들고 즉각 투입돼 경기장을 통제하는 게 전통이 됐다. 화염, 연기, 화재, 무장경찰로 가득한 경기장은 전쟁터를 방불케 한다. 이런 배경엔 서포터 간의 오랜 갈등에서 원인을 찾을 수 있다. 츠르베나 즈베즈다의 서포터는 유고에서 분리 독립을 주장한 세르비아 측 군인 출신들이 주축인 반면, 파르티잔은 세르비아의 독립을 반대한 유고 군인 출신들이 주축이기 때문이다. 그래서일까? 이들의 서포팅은 격렬한 전투를 닮았다. 게다가 총기까지 몰래 반입해 상대 서포터를 향해 위협사격을 하는 사례도 있었다. 역사는 짧지만 가장 악명 높은 더비라 하지 않을 수 없다.

❿ 대한민국의 슈퍼매치(Super Match)

세계적인 더비와 비교해보면 우리나라 더비는 아직 많이 부족하다. K-리그에선 FC 서울Football Club Seoul(1983년 창단)과 수원 삼성Suwon Samsung Bluewings(1995년 창단)의 라이벌전이 볼 만하다. 서울 FC[33]의 전신인 안양 LG 치타스(이하 '안양')의 경기를 포함해도 1996년에 처음 시작한 늦깎이 더비다. 안양이 2004년 서울로 연고를 옮겨 FC 서울로 개칭하면서 서울

[33] FC 서울의 역사는 좀 복잡하다. 1983년 '럭키금성 황소 축구단', 1991년 안양으로 연고를 옮겨 '안양 LG 치타스'를 거쳐 2004년 현재 서울로 연고를 옮겨 'FC 서울'이 됐다.

과 수원의 라이벌 매치가 성사됐다. 두 팀의 매치는 여러 사건들이 복합적으로 생기면서 경쟁은 점차 심화됐고 더욱 인기를 얻게 됐다. 2008년에 들어서며 언론에서 먼저 '슈퍼매치'로 명명한 게 처음인데, 이를 프로축구연맹이 수용하면서 널리 알려졌다. 행정구역으로는 서울과 수원이 떨어져 있지만, 수도권 내에 있고 지하철 1호선으로 연결돼 있어서 '수도권 더비' 또는 '지하철 1호선 더비'라고도 한다.

⑪ 세계 최초의 더비

앞서 소개한 대부분 더비의 수명은 100년 안팎이다. 이 가운데 최고령 더비는 1890년에 시작한 '올드펌 더비'지만, 이 보다 앞선 더비가 있었다. 해답은 제일 먼저 창단된 축구 클럽을 찾으면 된다. 기록으로 남아 있는 가장 오랜 축구 클럽으로 1위와 2위는 모두 축구 종가 잉글랜드에 있었다. 1857년 창단된 세필드 FC Sheffield United Football Club가 처음이고, 1860년에 창단된 할람 FC Hallam Football Club가 뒤를 이었다. 두 팀밖에 없었으니 당연히 둘이서 경기를 할 수밖에 없었고 이것이 최초의 더비인 셈이다. 무려 160년 이상의 역사를 가진 전설의 더비라는 사실도 놀랍지만, 더 놀라운 건 아직까지도 두 팀의 더비가 계속 되고 있다는 사실이다. 지난 2010년 크리스마스 다음날(이른바 박싱 데이Boxing Day)에 벌어진 더비를 홍보하는 마크에는 두 팀의 엠블럼을 볼 수 있는데 청백의 엠블럼이 할렘FC, 검붉은 방패가 세필드FC의 엠블럼이다. 세계 최초의 축구 클럽과 더비의 엠블럼을 동시에 볼 수 있다. 세필드FC 로고는 뒤에서 자세하게 소개하겠다.

세계엔 이것 말고도 많은 유명한 더비가 많다. 스페인의 마드리드 더비(레알 마드리드 vs. AT 마드리드), 잉글랜드의 맨체스터 더비(맨체스터 유나이티드 vs. 맨체스터 시티)나 북런던 더비(아스널 vs. 토트넘), 서런던 더비(첼시 vs. 풀럼), 이탈리아의 로마 더비(AS로마 vs. SS라치오), 독일의 북독일 더비(베르더 브레멘 vs. 함부르크), 네덜란드의 데 클라지커르 더비(아약스 vs. 페예노르트) 등이 볼만하다. 유명한 더비일수록 폭력성은 더 농후해지고, 경기장 폭력과 인명사고도 많아진다. 국가대표 A 매치도 상황은 비슷하다. 과연 우리나라는 어떨까?

2010년 셰필드FC와 할람FC 더비 마크

3 대한민국을 이끈 더비

❶ 일제에 항거한 더비

우리나라에 처음으로 근대 축구가 소개된 건 1882년의 일이다. 인천 제물포항에 입항한 영국 군함 '플라잉 피시Flying Fish'호의 승무원들이 배의 갑판과 연안 부두에서 공을 찬 것이 시초다. 이후 축구는 선교사와 학교를 통해 보급됐다. 외국 선교사들에 의해 근대적인 학교가 세워졌고, 여기서 '학교 체육'의 일부로 채택된 것이 계기가 됐다. 1902년 한 프랑스 교사가 '배재학당'에서 처음 축구를 가르치기 시작하면서 다른 학교로 전파됐고, 사회로도 급속히 확산됐다. 우리나라 근대 스포츠의 산파 역할을 했던 YMCA의 전신 '황실기독청년회(1904년)'와 '대한체육구락부(1905년)'가 뒤를 이었다. 이 두 팀의 경기가 우리나라에서 최초로 열린 공식 경기였다. 유럽에 비해선 많이 늦었지만, 다른 나라에 못지않게 폭발적인 인기 속에서 압축 성장을 통해 불과 30년 만에 나라를 대표하는 국기國技가 되었다.

여기엔 숨은 공신이 있었다. 일제 강점기에 접어들자, 축구는 무서운 속도로 대중 속에 파고들었다. 이런 현상은 일본의 억압이 심해질수록 더 했다. 마치 프랑코의 폭정으로 언어와 깃발도 빼앗긴 카탈루냐인들이 캄프 누에서만큼은 자유로울 수 있었고, 영국인들이 덴마크인의 머리를 차며 폭정에 억눌린 감정을 풀었던 것처럼 말이다. 축구는 일제에 저항하고 독립을 주장하는 민족의 염원과 의지를 표현하는 상징이 됐다. 이때 생긴 유명한 더비가 있다. 1927년 전조선축구대회 준결승에서 만난 사학의 명문 '연희延禧전문학교(현 연세대학교, 1915년 설립)'와 '보성普成전문학교(현 고려대학교, 1905년 설립)'의 '연보전延普戰' 또는 '보연전普延戰'34)이 그것이다. 또 다른 하나는 1929년부터 시작한 경성京城(서울)과 평양平壤의 시市 대표팀이 벌이는 '경평축구대항전京平蹴球對抗戰' 줄여서 '경평전京平戰'35)이 생기면서 한국 축구는 비약적으로 발전했다. 그러나 이 더비는 양 팀의 광적인 팬들이 만들어가는 유럽 대부분의 더비와는 차원이 달랐다.

34) 이하 '연보전' 또는 '연고전'

35) 이하 '경평전'

우리의 더비는 일제 강점기에 태어난 불행한 역사를 대변한다. 연보전은 본래 학교의 명예와 자존심을 건 양교 대학생들의 친선과 화합을 목적으로 하는 축제여야 했지만, 나라 잃은 그들에겐 사치였다. 당시 모든 활동을 감시당해야 했던 젊은 청년들에게 축구는 울분을 달래고, 암울한 현실을 피해 잠깐이나마 미래의 자유를 꿈꾸는 도피처가 되어 주었다. 경평전은 더 심했다. 축구장은 온 국민이 하나가 되어 일제의 탄압에 강력 저항하자는 의지를 다지는 공공연한 집회 장소가 되어 버렸다. 당시 초대 대회를 주최한 조선일보사 부사장의 개회사에 그 의미가 잘 담겨져 있다. "축구경기는 부지중에 민중적 차원으로 화합하자는 데에 그 취지가 있어, 그저 축구 한 경기로 끝나는 것이 아니라 조선의 역량을 만천하에 과시하는 기회로 승화해야 한다!" 이 연설문은 다음날 신문 사설(조선일보

1929년 10월 8일자)에 실려 전국에 배포됐고, 이를 계기로 경평전은 민족의 대동단결과 항일정신을 고취하는 상징이 되었다. 그리고 양 팀은 한때 창단 이름에 썼던 '축구단蹴球團'도 버리고, '군軍'을 붙여 '전경성군全京城軍'이나 '전평양군全平壤軍'으로 개칭했다. 축구로 일제와 싸우는 민족의 군대란 의미를 담았다. 이 정도로도 일본의 입장에선 용납하기 어려운데, 마침내 여기에 불을 붙인 사건이 터졌다. 일본에서 열린 '제1회 전일본종합선수권대회'와 '제8회 명치신궁경기대회'에 참가한 경성축구단이 유수의 일본 팀들을 물리치고 우승을 차지한 것이다. 그것도 결승에서는 무려 다섯 골 차로 압승壓勝하게 되자, 일본은 최대의 위기감을 느꼈다. 한국 축구는 일본의 존망을 위협하는 위험한 스포츠였다.

일본은 특단의 대책을 마련했다. 일제의 의도적이고 조직적인 견제와 통제는 이때부터 시작됐다. 하나는 동적이고 폭발적인 축구의 저변 확대를 막기 위해 보다 정적인 야구를 널리 보급하고 지원하는 것이었다. 야구는 1905년에 처음 소개됐지만 축구에 밀려 그다지 주목을 끌지 못하다, 일제의 전폭적인 지원으로 야구팀이 우후죽순처럼 늘어나기 시작했다. 그 결과 1940년 당시 두 종목의 고교팀 숫자를 비교해보면, 먼저 시작했던 축구는 12개 팀인데 반해, 야구는 두 배에 조금 못 미치는 20개 팀에 달했다. 한국 축구에 야구로 맞불을 놓겠다는 의도였지만, 이 조치만으로는 당시 축구의 폭발성을 잠재우기에는 턱없이 부족했다. 1934년, 일본은 드디어 '축구통제령蹴球統制令'이라는 최고의 강수를 꺼냈다. 중세 영국의 '축구금지령'과 유사해 보이지만 근본부터 차이가 있었다. 잉글랜드는 너무 노는 데 정신 팔지 말고 유사시를 대비해 군사훈련에 힘쓰라는 취지였다면, 일제는 식민지 국민들이 뛰어 노는 게 일본에게 너무 위험하니 하지 말라는 식이었다. 그만큼 한국 축구가 태생부터 단순한 스포츠 이상이었다는 방증이다. 물론 순순히 축구통제령을 받아들일 리 만무했다. 결국 일본은 민족지도자들의 강한 반대에 부딪혀 법제화를 포기했고, 우리의 더비는 더욱 활성화될 것처럼 보였다. 그러나 태평양 전쟁이 한창이던 1942년 미군의 참전으로 전세가 역전되면서, 코너에 몰린 일본은 '문화말살정책'을 강제로 관철시켰다. 물론 축구도 포함됐다. 이로부터 공식적인 축구경기는 전면 금지됐다. 연보전과 경평전이 재개된 건 해방 이듬해 동대문운동장에서였다. 이후 연보전은 연고전 또는 고연전으로 이름을 바꾸고 오늘날까지 계속되고 있지만, 경평전은 38선으로 남북 통행이 금지되면서 더 이상 경기를 이어가지 못하고 단절됐다. 다만, 분단 이후 1990년과 2002년, 2005년에 평양과 서울에서 '남북통일축구경기'로 재개된 바 있다. 일제라는 특수한 환경에서 탄생한 우리 축구와 더비는 특별하다.

 1929년에 시작된 경평전은 초기 2년 동안은 양 팀이 승패를 주고받으며 맞수로 팽팽한 대결을 벌였다. 그러나 3회 대회에서는 두 팀의 열기가 너무나 고조되면서 선수들이 경기장에서 빈번하게 충돌했고, 급기야는 응원단까지 합세해 대규모 집단싸움으로 번지게 되자, 대회는 중단되고 말았다. 그로부터 3년 후, 협회에서는 매년 봄·가을에 경성과 평양을 오가며 정기전을 개최하기로 정하고, 1933년에 대회를 재개했으나 또다시 불거진 판정 시비와 거친 항의, 싸움 등으로 1935년에 다시 막을 내렸다. 대신 서울-평양-함흥을 주축으로 한 '도시대항축구대회'를 신설해 그 명맥을 유지할 수 있었다. 그러다 1942년 모든 축구가 금지됐다가, 해방을 맞이해 다시 재개됐지만 한국 축구의 최초 더비인 경평전의 운명은 여기까지였다. 당시 경기는 3일간 진행했는데 2차전 도중 관중들의 충돌을 진정시키지 못하고 경찰이 강제로 경기를 해산시킴으로써 3차전은 열리지도 못한 채 막을 내렸다. 일제의 축구 통제 기간 중에 일본은 또 다른 꼼수를 냈다. 우수한 우리나라 선수를 데려가 일본팀을 보강하려는 속셈이었다. 그러나 축구협회는 일장기를 달고 뛸 수는 없다고 결정해 아예 선수단을 해체하고 말았다.

연고전 역시 이 연장선에 있다. 당시 경성을 연고로 한 팀은 경성축구단(1933년)이 대표적이지만, 이보다 훨씬 이전에 창단된 조선축구단(1926년)이 있었다. 이 두 팀은 해방 직후부터 한국전쟁 발발까지, 당대 최고의 라이벌이었다. 이들의 대결 구도는 독특하게

경평축구대항전 시작 전, 양 팀 선수들의 입장 장면
(1933년, 사진출처 : 대한축구협회)

조선축구단(왼쪽)과 경성축구단(오른쪽). 연고전과 응원단(아래) 모습

도 '학연學緣' 중심이었다. 조선축구단은 보성 출신을 중심으로 선발한 반면, 경성축구단은 연희 출신을 대거 영입해 자연스럽게 연보OB전 같은 느낌이었다. 연보전의 유니폼에 그 흔적이 남아 있다. 조선축구단은 적색과 백색의 세로 줄무늬를 사용한 반면, 경성축구단은 진홍색 바탕에 승리의 흰색 'V'자를 새겨 넣었다. 이 전통은 오늘날 양교의 유니폼에서도 볼 수 있다. 조선축구단의 적·백색 줄무늬는 현 고려대의 유니폼이 됐고, 경성축구단의 승리의 'V' 상징은 학교의 영문 이니셜 'Y'를 새긴 현 연세대의 유니폼이 됐다.

대한민국 축구 발전사에서도 더비는 있었다. 그러나 스포츠로써 축구이기 전에 축구는 먼저 나라 잃은 민족의 슬픔을 달래고, 압제에 대한 저항과 자주독립을 온몸으로 표현하는 상징이 되어야 했다.

❷ 실현되지 못한 한반도 더비

일제가 물러가고, 벌어진 한국전쟁은 또 다른 더비를 예고하는 전주곡이었다. 한국전쟁 후 첫 출전인 1954년 스위스 월드컵은 그야말로 고난 그 자체였다. "일제는 두 번 다시 우리 땅에 들어 올 수 없다"는 강한 반일反日 감정 때문에 일본과의 지역 예선은 홈경기 없이 두 번의 원정 경기[36]만으로 치러야 했다. 이런 악조건에서도 우리 선수들은 일본을 꺾고 사상 처음으로 월드컵 본선 진출권을 따냈다. 2018년 러시아 월드컵까지 10회, 이 가운데 9회 연속 본선 진출의 신화는 여기서 시작된 것이다. 처음 떠나는 유럽 원정은 그리 녹록치 않았다. 여행사 실수로 모두가 함께 출발하지 못하게 되자, 궁여지책으로 첫 경기에 참가할 주전선수들이 먼저 출발하고 나머지는 첫 경기가 끝난 2일 후에야 도착할 수 있었다. 그마저도 영국인 부부가 좌석을 양보하지 않았다면, 아마 첫 경기는 상대팀보다 적은 선수들로 뛰어야 했을 것이다. 경기 결과는 참담했지만 전후 어려운 여건 속에서 힘들게 일궈낸 결실이었기에 스위스 국민의 열렬한 환대를 받으며 세계에 한국을 알리고, 전쟁으로 지친 국민들에게 적잖은 희망을 심어줬다.

전후 국가재건과 경제발전에 주력하던 1960년대까지만 해도 북한 축구는 우리보다 한 수 위의 실력을 보여줬다. 당시 북한의 이념과 체제 경쟁을 벌이고 있었던 정부는 북한과의 경기는 여간 부담이 아닐 수 없었다. 1966년 런던 월드컵은 이런 정부의 우려가 현실이 되는 계기가 됐다. 월드컵을 앞두고 북한과 지역예선을 치러야

---

[36] 설사 이 때문에 본선에 진출하지 못한다 하더라도 반드시 고수해야만 했던 원칙이다. 당시 반일 감정의 수준을 짐작케 한다.

하는 우리 정부의 고심이 깊어졌다. 군이 지는 경기를 하느니, 차라리 포기하는 쪽을 택했다. 패배보다는 불명예스럽지만 고의로 경기에 불참하고 벌금을 택한 것이다. 북한의 본선 진출에 걸림돌은 없었다. 당시 북한은 강적 이탈리아를 누르고 조 2위로 8강에 올라, 에우제비오가 이끄는 포르투갈과도 대등한 경기를 벌인 끝에 아깝게 패하고 말았다. 세계는 축구 변방 북한의 선전善戰에 찬사를 보냈다. '북한 축구의 월드컵 8강 성적표'는 우리 정부와 국민들에게 큰 충격이 아닐 수 없었다. 나라 안팎에서 특단의 대책을 요구하는 목소리가 커졌고, 월드컵이 끝난 이듬해 곧바로 실행에 옮겨졌다. 언제 있을지 모르는 '남북한 축구대결에서 승리'하겠다는 프로젝트였다. 1967년 3월, 당시 중앙정보부장의 주도로 새로운 팀 '양지陽地축구단'이 특명을 띠고 출범했다. 양지란 이름은 당시 중앙정보부(현 국가정보원)의 "음지陰地에서 일하고, 양지陽地를 지향한다"는 슬로건에서 따 온 것이다. 팀은 군에 입대했거나, 군 입대를 앞둔 선수들로 구성했다. 골키퍼였던 이세연 선수를 비롯해 당시 최고의 스트라이커 이회택, 김정남, 허윤정, 박광조, 김기복, 정병탁 등 오늘날 대한민국 축구를 이끈 선수들이 선발됐다. 선수에게는 국영 기업체의 중견 간부 수준의 봉급이 지급됐고, 역사상 처음으로 105일간의 해외 전지훈련을 다녀오기도 했다. 그러나 1968년 1·21 사태로 빚어진 '청와대 기습사건'을 필두로 '푸에블로호 나포사건', '울진·삼척 무장공비 침투 사건' 등 굵직굵직한 북의 도발이 이어지면서 문제가 생겼다. 정부는 남북 긴장국면을 해소하기 위해 1969년에 북한과 획기적인 화해 분위기 조성에 주력하면서 자연스럽게 양지팀은 관심에서 멀어졌다. 결정적으로 팀 창단에서부터 모든 것을 책임졌던 중앙정보부장의 실각으로 양지팀은 1970년에 해산되기에 이르렀다. 비록 창단 목적은 달성하지 못했지만, '양지' 팀은 분명 전후 열악한 수준의 대한민국 축구를 한 단계 격상시키고, 대한민국 현대 축구의 밑거름이 되는 중요한 역할을 했다.

❸ 좀 더 특별했던 군(軍) 더비

군에서 만든 축구팀에 의한 더비도 있었다. 한국전쟁 직후, 육군에서는 전쟁으로 인해 침체된 군의 사기를 증진하고 체력단련의 붐 조성을 위해 축구를 장려했다. 그 일환으로 부대를 대표하는 축구팀을 만들어 운영하다, 1969년에 하나의 팀으로 통합했다. 이어서 공군(1972년)과 해군(1973년)도 보조를 맞췄다. 군 축구팀은 육군은 '충의忠義'와 '웅비雄飛', 해군은 '해룡海龍', 공군은 '성무星武'로 네 팀이 있었다. 이들을 통칭해 '삼군三軍 더비'로 부르고자 한다. 당시 차범근이나 허정무 같은 대부분의 국가대표 선수들이 여기서 활동했고, 실업축구연맹전 등 시합에 출전해 좋은 성적을 거두기도 했다. 그러다 1984년 국군체육부대의 창설과 함께 군에서 운영하던 팀을 국방부 산하 국군체육부대의 '상무尙武'로 통합함으로써 삼군 더비는 자취를 감췄다. 비록 그 규모는 작고 군이라는 한계도 있었지만, 축구를 통해 진중 스포츠와 상무정신을 강조하고, 우수한 선수를 발굴·배출함으로써 한국 축구에도 크게 일조했다.

삼군 더비보다 오랜 역사를 가진 더비가 있었다. '3군사관학교 체육대회(이하 삼사체전)'가 그것인데, 육·해·공군의 엘리트 장교 양성을 위해 설립된 사관학교와 생도들 간의 더비다. 매년 9월 셋째 주에 연고전이 끝나면, 10월 초에 삼사체전이 열린다. '국군의 날37)'을 기념하는 행사의 일환으로 10월 2일부터 3일간 축구와 럭비를 주축으로 육상경기와 태권도, 민속놀이, 모형 비행기 날리기 등 각종 상무행사가 열렸다. 이 가운데 성적은 오로지 축구와 럭비만 반영해 종합우승을 가렸다. 삼사체전은 국군의 날을 기념한 다양한 행사 가운데 핵심으로 1954년에 첫 대회가 열렸으니 역사가 꽤 깊은 편이다.

삼사체전은 다른 더비와는 달리 순수 아마추어들의 더비다. 장교에게 축구는 잘하면 좋겠지만, 반드시 필요한 덕목은 아니기 때문에38) 특기생을 선발하진 않았다.

37) 원래 국군의 생일은 없었고, 육·해·공군이 서로 달리 적용하고 있었다. 1956년 국무회의에서 한국전쟁 당시 3사단 23연대가 강원도 양양에서 최초로 38선을 돌파해 북진한 날을 기념해 10월 1일을 국군의 날로 정했다.

38) 장교라면 축구뿐 아니라, 전쟁에서 유래한 스포츠는 모두 일정 수준 이상 의무적으로 잘 해야 할 필요가 있다는 게 개인적인 소신이다. 장교는 나아가 지휘관이 되어야 하기 때문이다.

삼사체전 개회식 장면

사관학교에 입학한 생도들 가운데 축구에 소질이 있는 소수를 선발해 훈련시켰기 때문에 경기 수준은 많이 부족했다. 축구 조기교육은 아예 근처에 가보지도 못했고, 오로지 학교축구와 동네축구 경험이 대부분이고, 극히 일부가 동호인 축구를 조금 맛본 정도다. 기

삼사체전의 꽃 매스게임(위), 식전행사 · 축구경기(중간)
1986년 대회에 참가한 필자(아래)

대회 개회식 장면. 아래 두 학교 상징
Army Black Knights(왼쪽), Navy Midshipmen(오른쪽)이다.

술은 형편없이 모자란 대신 힘과 체력, 정신력만큼은 절대 뒤지지 않는다. 아무리 잘 해도 고등학교와 대학 팀의 중간 정도이다. 이런 이유로 경기보다는 생도들의 젊음과 패기, 절도가 넘치는 바디 섹션이 훨씬 볼 만하다. 고작 두 경기를 치르기 위해 1년 동안 말로는 다 표현하기 어려운 고통의 시간을 보내야 한다. 이에 소질은 있어도 의도적으로 피하는 게 보통이다. 비록 그들의 공 다루는 솜씨가 서툴고 기계적인 몸짓이 왠지 거부감을 줄 수도 있겠지만, 그들의 몸짓에는 이제까지 경험하지 못한 '기분 좋은 흥분'과 함께 '의미심장한 메시지'가 담겨 있음을 잊지 말아야 한다. 그러나 이 모든 것은 이제 역사 속의 일이다. 50년간 이어온 삼사체전은 여러 이유로 지난 2003년 폐지됐다. 사관생도로 4년간 축구를 했던 한 사람으로 정말 아쉽고 안타깝다. 더 이상의 언급은 붙이지 않겠지만, 미국의 사례를 소개하는 것으로 대신하려 한다. 바라건대, 모두가 한

번쯤 생각해본다면 그것으로 충분하다.

　미국에는 삼사체전 같은 삼군사관학교의 종합체전은 없다. 대신 미식축구, 농구 등 종목별 정기전은 꽤 있는 편이다. 그 대표적인 경기가 바로 육군사관학교West Point와 해군사관학교Annapolis의 미식축구 경기 'Army-Navy Football Game'이다. 1890년에 시작됐으니 스코틀랜드 올드펌 더비와 나이가 똑같다. 특별한 사유가 없는 한, 매년 두 학교의 중앙에 위치한 필라델피아에서 국가 차원

다양한 식전행사와 경기 장면

의 대규모 축제 형태로 열린다. 우리처럼 생도들이 펼치는 화려한 매스게임은 없지만 양측 사관생도들의 입장과 퍼레이드, 밴드연주, 의장대 시범, 고공낙하, 공군 에어쇼, 육군항공(헬기) 축하비행, 전투장비 전시회 등 다양한 식전행사와 볼거리를 제공한다. 행사에는 대통령이나 부통령이 정부 요인과 함께 자리하고, 주최 학교장의 안내를 받아 시축으로 경기를 시작한다. 경기 모습은 매년 공영방송에서 생방송으로 미국 전역에 중계된다. 그들의 모습을 보면 우리와는 사뭇 다르다. 아마 그들의 축제를 본다면, 누구나 미국을 세계 초강대국으로 이끈 군의 노고를 치하하고, 국가와 국민을 위해 헌신한 군인들을 기억하며, 전폭적인 지지와 신뢰를 보내는 행사라는 느낌을 받을 것이다. 이런 축제를 무려 125년 이상 지속해 왔음은 놀라움과 동시에 부러움 그 자체다.

사실 이 책에선 럭비나 미식축구에 대해선 언급하지 않았으나, 이 역시 집단축구에서 분기된 종목으로 축구와는 형제다. 외형적으로도 발보다는 손을 주로 사용함으로써 현대 축구에 비하면 더욱 과거의 집단축구에 가까운 전투 스포츠다. 이런 종목으로 군은 물론이고 국민 전체가 함께 즐기는 나라는 그리 많지 않다.

안타깝게도 연고더비를 제외하면 경평더비와 삼군더비 그리고 삼사더비(삼군사관생도의 더비)는 이미 사라졌다. 그러나 최근 경평전의 부활 조짐이 있어 한편 다행이다. 미 육사-해사의 축구 정기전을 보면서 부러움을 넘어 질투를 느끼는 건 30년 전 성동원두城東原頭³⁹⁾에서 미드필

---

39) 이젠 사용하지 않는 용어다. '서울 도성 동쪽의 넓은 벌판'이라는 의미로 지금은 자취만 남은 '동대문운동장'을 말한다. 과거 경평전이나 연보전을 비롯해 수많은 축구 경기가 열린 한국 축구의 메카다.

더로 뛰었던 필자만의 감정은 아니었으면 한다.

❹ 기분 좋은 더비, 코리안 더비(Korean Derby)

더비라 해서 피 튀기는 전쟁 같은 더비만 있는 건 아니다. '코리안 더비Korean Derby'는 앞서 소개한 더비와는 달리 보기만 해도 흐뭇하고 훈훈해지는 차원이 다른 더비다. 해외에서 뛰는 우리 선수들이 리그나 클럽컵 대회를 치르면서 두 명 이상이 맞대결을 펼치는 경기를 부르는 말이다. 코리안 더비는 2002년 한일월드컵 이후 우리 선수의 해외진출이 부쩍 늘면서 생긴 비교적 최근의 현상이다. 특히, 잉글랜드 프리미어 리그나 독일의 분데스리가, 또는 유럽 클럽팀 간 대항전인 UEFA컵 대회 등에서 볼 수 있는 장면이다. 타지에서 펼치는 우리 선수 간의 맞대결이 특별한 건 각자의 소속팀을 위해 최선을 다해야만 하는 숙명 같은 승부 속에서도 진한 감동을 전하기 때문이다. 뭐니 뭐니 해도, 코리안 더비는 박지성 선수로부터 시작됐다.

(1) 2006년 맨유 – 토튼햄

코리안 더비의 원조는 단연 박지성과 이영표 선수다. 두 선수는 월드컵이 끝난 후, 네덜란드의 PSV 에인트호벤에 진출해 한솥밥을 먹었던 동료로 2005년 여름 나란히 영국의 프리미어 리그에 입성했다. 2006년 4월 두 번째 맞대결 장면이다. 박지성은 맨유의 우측 공격수로, 이영표는 토튼햄의 왼쪽 수비수로 포지션이 겹치는 바람에 경기 중 여러 번 맞부딪혔다. 박지성은 이영표가 맡은 지역을 집요하게 공략했고, 이영표는 박지성의 공격을 노련하게 막아냈지만, 90분 내내 이럴 순 없었다. 맨유가 1대0으로 앞선 가운데 토튼햄의 골 에어리어에서 이영표가 전방으로 볼을 전개하려는 순간, 뒤에서 추급한 박지성이 볼을 가로채 노마크로 있던 웨인루니에게 패스를 연결해 두 번째 골을 성공시켰다. 박지성의 시즌 일곱 번째 공격 포인트였지만, 동시에 이영표의 결정적 실책이었다. 이날 경기는 맨유가 2대1로 승리했다. 다음날 현지 언론에서도 선배의 볼을 가로채 어시스트를 기록한 박지성이 고개를 들지 못한 채, 이영표에게 다가가 손을 내밀어 악수를 나누는 장면을 크게 다뤘다.

(2) 2013년 카디프 – 선더랜드

박지성-이영표 이후 잉글랜드의 코리안 더비는 기성용(선더랜드)과 김보경(카디프시티) 선수가 이어갔다. 2013년 12월, 카디프시티 홈에서 선더랜드와 일전이 성사됐는데, 여기서도 공교롭게 두 팀의 중원은 우리 선수들에게 맡겨져 포지션이 겹쳤다. 당시 카디프는 16위, 선더랜드는 20위로 '리그 잔류'를 위해서는 두 팀 모두 승점 3점이 절실한 실정이었다. 경기는 홈팀 카디프가 2대1로 리드를 지키다 후반 추가 시간에 동점골을 허용하면서 무승부로 마쳤다. 서로 공격 포인트는 없었지만, 기성용은 풀타임, 김보경은 후반 34분 교체될 때까지 혼신을 다해 뛰었다. 이 경기에서도 애틋한 사진이 공개됐다. 김보경이 교체돼 경기장을 떠나면서 기성용을 찾아 악수를 나눴고, 기성용은 박수로 보답했다. 언론에서 공개한 사진엔 김보경이 약간 고개를 숙이고 있었는데 그 배경을 알면 더 애틋하다.

김보경이 퇴장할 때까진 카디프가 1점 차로 리드하고 있었기 때문에 강등권에 더 가까이 있는 기성용에게 먼저 미안한 악수를 청한 것이다.

(3) 2015년 레버쿠젠 – 마인츠, 코리안 더비 최고의 날

잉글랜드만큼이나 우리 선수들이 활약하는 곳이 독일의 분데스리가다. 소속 팀이 겹치면서 손흥민, 구자철, 지동원, 박주호 선수

2006년 박지성–이영표(위), 2013년 김보경–기성용(아래왼쪽),
2015년 손흥민–구자철 · 박주호(아래오른쪽)

등 한 경기에서 여러 명을 볼 수 있는 기회가 생겼다. 2015년 4월은 코리안 더비 역사 가운데 최고의 순간이 찾아왔다. 마인츠가 홈에서 레버쿠젠과의 경기가 성사됐다. 이 경기가 기억에 남는 건 우리 선수 세 명이 모두 선발 출전해 골까지 기록하며 맹활약을 펼쳤기 때문이다. 이날 원정경기에 나선 손흥민은 선제골을 기록해 팀의 3골 리드를 견인했고, 후반 맹공을 펼친 마인츠의 구자철이 페널티킥으로 두 골을 만회하며 맹렬히 추격해 경기의 재미를 더했다. 박주호 역시 마인츠의 왼쪽 윙백으로 출전해 존재감을 과시했다. 경기는 레버쿠젠이 3대2 승리로 마쳤지만, 세 명의 코리안 리거 모두가 승자가 된 코리안 더비 최고의 경기였다. 경기를 마친 후, 이례적으로 세 선수가 한자리에 모여 인터뷰하고, 라커룸에서 어깨동무하며 서로를 격려하는 장면은 오래 기억될 순간이었다.

4 세계 축구를 이끈 전쟁 같은 더비

　더비에서 중요한 건 역시 나와 견줄 수 있는 '라이벌Rival'의 존재다. 일반적으로 '동등 혹은 그 이상의 실력을 가진 경쟁자'를 일컫는 말이지만, 그 어원을 살펴보면 더 쉽게 이해할 수 있다. 라틴어로 강을 의미하는 'Rivus'에서 파생된 'Rivalis'에서 유래했는데, '강에서 서로 마주보고 낚시하는 경쟁자'란 의미다. 치타가 진화를 거듭해 100미터를 3.2초에 주파하는 놀라운 능력을 갖춘 건 당연 100미터를 4초에 주파하는 영양을 사냥하기 위한 것처럼 보이지만, 사실은 같은 사냥터에서 같은 먹이를 두고 경쟁하는 다른 치타 때문이다. 전쟁에서도 강한 라이벌과의 숙명의 한판은 피할 수 없다. 알렉산드로스 대왕에겐 끊임없이 지중해 패권을 노린 페르시아의 다리우스 황제가 있었기 때문에 그 힘든 제국건설을 완수할 수 있었다. 적장 다리우스의 가족을 포로로 잡아 극진히 대우하고, 배신한 부하들에 의해 살해된 다리우스의 시신을 수습해 성대한 장례를 치러 주기도 했다. 아마도 이들은 서로 적이지만 동시에 좋은 라이벌로 생각했을 것 같다. 라이벌이 없다면 위대한 승리도 없다.

　강 건너에서 물고기를 낚는 낚시꾼은 분명 나의 경쟁자지만, 동시에 좋은 동반자이고 때론 나

---

40) 톰과 제리Tom and Jerry. 극장용 단막 애니메이션 (Puss Gets the Boot)을 TV용으로 제작 방영한 것이 시초다. 우리나라엔 1980년대 '깐돌이와 고양이'로 처음 소개된 후, 여러 차례 방송됐다. 톰(고양이)이 제리(쥐)를 골탕 먹이다 당하는 스토리지만, 간혹 상대가 없으면 축 쳐진 모습을 보인다.

의 훌륭한 스승이다. 라이벌이 없다면 '톰이 없는 제리[40]'처럼 힘이 빠진다. 나만큼 또는 나보다 더 지적知的인 라이벌은 늘 우리가 계획하고 숙고 끝에 내린 최적의 결정과 노력을 수포로 만들어 때로는 심한 고난과 역경, 좌절을 안겨준다. 하지만 그의 존재가 내가 살아가는 이유가 되며 생존과 번영의 원천이 되기도 한다. 라이벌이 없는 것보단 있는 쪽의 미래가 더 밝다. 라이벌은 곧 나의 존재 이유다.

축구에만 라이벌이 있는 건 아니지만, 축구만큼 치열한 라이벌전이 오랜 기간 동안 이어져 오는 종목도 흔치 않다. 오늘날엔 '100년 전쟁'에 비유되는 세계적인 더비가 이를 방증한다. 유럽 축구를 대표하는 독일, 이탈리아, 잉글랜드, 네덜란드, 스페인은 물론이고, 남미를 대표하는 브라질, 아르헨티나 그리고 아이사의 한국, 일본, 중국도 라이벌이다. 아마도 축구를 좋아하는 나라치고 더비 없는 나라 없고, 더비가 치열한 나라일수록 그렇지 않은 나라에 비해 잘한다. 이와 관련한 필자의 주장은 명백하다. 분명 더비는 세계 축구를 이끈 원동력이라 말할 수 있고, 그 중심에 축구의 전투성이 한몫했음을 부인하기 어렵다. 그건 아마도 축구의 원초적 본능 같은 거다. 그러나 과유불급過猶不及이란 말처럼 적정 수준의 긴장감과 경쟁심이 지나치면 필연적으로 '의도하지 않은 참담한 결과'가 뒤따른다. 이 또한 전쟁 같은 축구의 타고난 운명인지도 모르겠다.

1 현대 서포팅의 시작

2 국가대표 서포터
　① 잉글랜드의 풋볼서포터 페더레이션(Football Supporters' Federation)
　② 스코틀랜드의 타탄아미(Tartan Army)
　③ 아일랜드의 RISSC(The Republic of Ireland Soccer Supporters Club)
　④ 독일의 그라운드 후퍼스(Ground Hoopers)　⑤ 이탈리아의 울트라(Ultras)
　⑥ 네덜란드의 오렌지 후터스(Orange Hooters)　⑦ 브라질의 카나리아 군단
　⑧ 미국의 샘스아미(Sam's Army)　⑨ 일본의 울트라 니폰(Ultra Nippon)　⑩ 중국의 치우미(球迷)
　⑪ 대한민국의 붉은 악마(Red Devils)

3 서포팅 전쟁
　① 페루의 리마 축구 폭동(Lima Football Riot)　② 아르헨티나의 푸에르타 도세 참사(Puerta 12 Disaster)
　③ 스코틀랜드의 아이브록스 참사(Ibrox Disaster)　④ 잉글랜드의 헤이젤 참사(Heysel Stadium Disaster)
　⑤ 잉글랜드의 힐스보로 참사(Hillsborough Disaster)　⑥ 벨기에의 샤를레루 난동(Charleroi Stadium Riot)
　⑦ 가나의 아크라 참사(Accra Sports Stadium Disaster)　⑧ 이탈리아의 시칠리아 참사(Sicilian Derby Riot)
　⑨ 이집트의 포트사이드 참사(Port Said Stadium Clashes)

4 훌리건(Hooligan) 대 롤리건(Rolligan)의 한판 승부
　① 축구의 대형 참사 일지　② 도(度)를 넘어선 서포터, 훌리건(Hooligan)
　③ 조용하고 질서정연하지만 열정적인 서포터, 롤리건(Rolligan)

5 전장에서 태어난 서포터(Supporter)
　① 중세 토너먼트(Tournament)　② 고대 검투경기(Gladiator Fight)

4
'등번호 12번' 선수들의 살벌한 전쟁

축구는 그라운드에서 뛰는 선수들만 하는 경기가 아니다. 치열한 경기일수록 그라운드의 전투성은 스탠드로 확산되고, 마침내 경기장 너머로 전해진다. 그리고는 다시 선수에게로 돌아와 무한 점증漸增된다. 현대 축구에서 서포터의 집단응원은 분명 빼놓을 수 없는 좋은 볼거리지만, 이면엔 항상 언제 터질지 모르는 폭발성이 잠재돼 있다. 양 팀 서포터Supporter의 승부는 경기 성적에 반영되진 않지만, 꼭 그런 건 아니다. 관중들의 열렬한 응원은 선수들의 사기에 영향을 미쳐 경기력으로 연결되고, 심판들에게도 전달돼 결정적인 기회나 위기를 제공하기도 한다. 이들은 선수처럼 그라운드에서 뛰진 않지만 선수와 같은 유니폼을 입는다. 그래서 그라운드에서 뛰는 11명 이외의 또 다른 선수라는 의미로 '12번째 선수'라 부르며, 팀에 '등번호 12번'을 영구 결번으로 지정하기도 한다. 오늘날 국가대표를 포함해 프로클럽은 물론이고 심지어 아마추어 팀도 서포터를 조직적으로 운영하고 있다. 통상 이들에게도 라이벌은 있기 마련이어서, 이 둘의 한판 승부는 그라운드에서 펼치는 경기만큼이나 흥미롭고 격렬하다.

1 현대 서포팅의 시작

오늘날과 같이 열성 팬들에 의한 조직적인 응원은 1950년 구 유고연방의 1부 리그에서 비롯됐다. 당시 챔피언 결정전에는 현 크로아티아를 대표하는 '하이두크 스플리트Hajduk Split'와 현 세르비아를 대표하는 'FK 츠르베나 즈베즈다Crvena Zvezda'가 맞붙었다. 스플리트의 서포터 '토르치다Torcida'들이 관중석에서 일어나 횃불을 들고 구호를 외치며 적극적으로 응원한 것이 시초다. 이전에는 볼 수 없는 전혀 새로운 토르치다의 응원은 곧 인근 국가를 거쳐 유럽 전역에 퍼졌고, 전 세계에 전파돼 현대의 서포터로 진화했다. 사실 같은 이름을 가진 서포터는 브라질에 더 많다. '전진'을 뜻하는 토르치다는 '변경하다, 바꾸다, 빗나가게 하다'를 의미하는 포르투갈어 'torcer'에서 유래했는데, 그 의미를 곱씹어 보면 현대 서포터의 단초를 발견할 수 있다. 단순히 앞으로 나아간다는 정도가 아니라, '보다 어려운 상황을 적극적으로 타개한다'는 의미를 가지고 있어 보다 적극적인 현대 서포터 개념과 일치한다. 그저 '앉아서 경기를 관전'하는 이상의 개념이다. 선수들과 함께 뛰면서 열정적인 응원으로 사기를 북돋우고, 상대에겐 거친 야유로 전의를 상실하게 만들어 양 팀 경기력에 영향을 미쳐, 경기를 보다 유리하게 이끌겠다는 적극적인 축구팬인 셈이다. 서포터를 12번째 선수로 불러야 하는 이유다.

한편 또 다른 주장은 1939년 브라질로 거슬러 올라간다. 경기 응원에 쓸 잡다한 물건을 공동으로 구매하는 친목 모임이 생기기 시작했는데 이것이 점차 확대되면서 브라질 전역으로 전파됐다. 결정적으로 1950년 브라질에서 열린 월드컵을 통해 브라질 응원문화가 전 세계에 소개됐다는 것이다.

정리하면, 축구 서포팅은 시기적으로는 브라질을 중심으로 한 남미에서 비롯해 유럽을 거쳐 세계로 전파됐다고 말할 수 있겠지만, 보다 적극적인 현대 서포팅 개념은 구 유고연방의 스타일이 더 가깝다. 통상 서포팅 역사도 '남미기원'과 '유럽기원' 주장이 부딪힌다. 개인적인 연구에 의하면 전자보단 후자에 좀 더 끌린다. 이유는 다음에 소개할 서포터의 뿌리 역시 전쟁과 직·간접적으로 관련돼 있다는 나름의 소견 때문이다.

2 국가대표 서포터

서포터 역시 전쟁 같은 더비에 비해 절대 뒤지지 않는다. 세계적인 축구 강국에는 무적 축구팀만큼이나 유명한 서포터가 있다. 통상 서포터는 지지하는 팀의 유니폼을 입고 영국의 속담처럼 종신제로 한 팀만 응원한다. 그러다보니 상당히 배타적이어서 상대 서포터와 치열한 경쟁 관계를 유지한다. 월드컵을 비롯한 세계 메이저 대회에선 국가를 대표한 서포터의 한판 전쟁이 볼만하다. 여기서는 잉글랜드의 풋볼 서포터스 페더레이션Football Supporters' Federation, 스코틀랜드의 타탄아미Tartan Army, 아일랜드의 RISSC The Republic of Ireland Soccer Supporters Club, 독일의 그라운드 후퍼스Ground Hoopers, 이탈리아의 울트라Ultras, 네덜란드의 오렌지 후터스Orange Hooters, 브라질의 카나리아 군단, 미국의 샘스 아미 Sam's Army, 일본의 울트라 니폰Ultra Nippon, 중국의 치우미球迷 그리고 대한민국의 붉은 악마Red Devils 사례를 살펴, 각 나라마다 독특한 서포팅 문화를 소개하고자 한다.

❶ **잉글랜드의 풋볼서포터 페더레이션**(Football Supporters' Federation)

축구 종가 잉글랜드에는 아주 매력적인 서포터가 있다. 처음 축구경기를 시작했을 당시 만해도 관중은 대부분 여유 있는 귀족들이었다. 그래서 경기장은 조용하고 품위 있는 사교장 같은 분위기였

세계 각국의 서포터. 가장 윗줄부터 잉글랜드, 아일랜드, 스코틀랜드, 네덜란드, 스페인, 독일, 이탈리아, 브라질, 미국, 중국, 일본, 대한민국의 서포터다.

다. 그러나 점차 중산층과 노동자가 합세하면서 축구 인구는 폭발적으로 늘어나기 시작했다. 경기에 뛰지 못하는 잉여 선수들이 넘쳐나고, 아예 처음부터 응원에만 관심을 보인 비선수가 늘면서 경기장 밖은 아주 소란스럽기 시작했다. 이때부터 조직적인 서포팅이 시작됐다고 보면 틀림없다. 잉글랜드에선 앉아서 경기를 관전하지 않고, 일어서서 응원가를 합창하면서 서포팅을 시작한 건 1960년대 후반 리버풀 FC[41]로 알려져 있다. 이때부터 팬들은 선수와 같은 유니폼을 입고, 스카프를 흔들거나 초대형 깃발로 응원석을 뒤덮는 응원을 시작했다. 당시 리버풀의 서포터 '더콥The Kop'은 같은 지역 출신의 전설적인 록 밴드 '비틀즈Beatles'의 노래를 선곡해 합창하는 전통이 있었다. 물론 경기장에서 노래를 부른 일은 이전에도 있었지만 단체로 노래를 부른 건 이들이 처음이다. 그래서 더콥은 '노래하는 서포터[42]'로 더 많이 알려졌고, 별다른 치장이나 도구 없이 육성과 박수로 하는 응원 스타일은 영국 전체에 표준이 됐다. 1980년대에 결성된 잉글랜드 서포터 '풋볼 서포터 페더레이션Football Supporters' Federation'도 이 스타일을 따르고 있다. 별 반주 없이 손장단에 맞춰 응원가를 합창하거나 구호와 함성을 외치는 담백한 응원을 고수한다. 단순하지만 상대를 압박하는 힘과 카리스마가 넘치고, 상대를 향해 내뱉는 공격적인 야유는 마법 같은 능력을 가지고 있다.

2006년 독일 월드컵 본선에서 파라과이와의 경기에서 결승골은 서포터가 넣었다. 경기 시작 3분 만에 중앙선을 조금 넘어선 지점에서 프리킥 기회를 얻었다. 키커는 당시 주장이자 오른발의 마술사 데이비드 베컴David Beckham이었다. 그가 찬 프리킥은 당시 198cm의 최장신 센터포드 피터 크라우치를 넘어 뒤에서 달려들던 파라과이 주장 가마라 선수의 머리에 맞고 골로 연결됐다. 이후

---

[41] 영국 아니 세계 축구 역사에서 리버풀 FC의 영향은 실로 지대하다. 최초의 조직적인 서포터를 가진 구단으로 더비, 경기장 난동과 두 번의 대형 참사 등 축구 역사와 전통에 결정적인 역할을 담당했다.

[42] 더콥의 응원가 중 'You'll never walk alone(1963년)'은 유명하다. 가사가 더콥의 서포터 정신을 대변하는 곡처럼 들려 주제곡처럼 애창됐다. 나중엔 팀의 슬로건이 되어 마침내 안필드Anfield 홈구장의 정문과 구단 엠블럼(1992년~2012년)에도 새겨졌다.

양 팀은 더 이상의 득점을 올리지 못한 채 경기를 마쳤다. 당시 장면을 수차례 복기해 봤지만, 프리킥이 그리 위협적이었다고 보기는 어렵다. 오히려 스탠드 대부분을 점유한 잉글랜드 서포터의 함성과 야유 때문에 실점했다는 게 훨씬 설득력이 있어 보인다. 잉글랜드 서포터는 다양한 응원가로도 유명한데, 무려 1,000곡이 넘는다니 그저 놀라울 따름이다. 그중에는 국가 '신이여 여왕을 구하소서God Save the Queen!'를 비롯해 비틀즈나 엘튼 존의 노래도 있다. 가장 인기 있는 응원가는 잉글랜드 축구 선수들을 기리는 '월드 인 모션World in Motion'이나 삼사자 군단을 주제로 한 '쓰리 라이언즈 송Three Lions' song'이 있다. 이 응원가는 한때 영국 음원차트 1위에 오른 기록도 가지고 있다. '우렁찬 목소리'와 '손' 그리고 '깃발'이 전부지만, 골 넣는 서포팅으론 으뜸이다.

❷ 스코틀랜드의 타탄아미(Tartan Army)

스코틀랜드 서포팅에는 숙적 잉글랜드와의 오랜 전쟁의 역사가 담겨져 있다. 특히, 서포터의 공식 명칭이 과거 잉글랜드 군대를 무찔렀던 스코틀랜드의 자랑 '타탄아미Tartan Army'다. '타탄Tartan'은 스코틀랜드 하일랜드Highlands 지역의 체크무늬의 전통 옷을 말한다. 중요한 의식이나 행사 때도 입지만, 특히 전쟁 때 입는 군복이기도 했다. 1차 세계대전 중에 독일군을 떨게 만들었던 치마(전통의상 '킬트Kilt') 입은 '블

43) 현재 스코틀랜드 왕립연대 3대대의 애칭으로 1725년에 창설됐다. 1815년 워털루 전투에 참가해 전공을 세운 부대로 제1·2차 세계대전, 6·25 전쟁, 이라크 전쟁, 아프가니스탄 전쟁 등에 참전했으며 최근 리비아 내전에도 투입된 바 있다. 치마 입은 블랙워치에게 호되게 당한 독일군이 오죽하면 "지옥에서 온 여인The Ladies from Hell"이란 별명을 붙일 정도로 명실상부한 영국 최정예 부대다.

랙워치Black Watch'의 무용담43)은 이미 입증된 바 있다. 오죽했으면 영국 의회가 이른바 '하일랜드 의상 착용 금지법(1746년)'을 제정할 정도로 트라우마가 심하다. 서포터는 대표팀의 푸른 컬러를 담은 전통 체크무늬 킬트를 입고, 백파이프를 불며 'x'자 모양의 성 안드레아St. Andrea 십자가 국기를 흔들며 열정적인 응원을 펼친다. 개인적으로 서포터 가운데 가장 상징성이 뛰어난 사례로 꼽은 이유다. 앞서 소개한 올드펌 더비에서는 아일랜드와 스코틀랜드 팬들의 난동은 피할 수 없을 정도지만, 간혹 이들이 어깨동무를 한 채 한목소리로 응원하는 모습을 볼 수 있다. 스코틀랜드나 아일랜드가 월드컵 본선에 진출하거나 그들의 숙적 잉글랜드와 경기가 있는 날이면 두 앙숙은 말 그대로 '오랜 친구'가 된다. 잉글랜드의 지배를 치욕으로 생각하는 두 나라는 공공의 적 잉글랜드와 상대하기 위해선 잠깐의 연합도 나쁘지 않게 생각한다. 물론 경기를 마치면 언제 그랬냐는 듯이 이전의 앙숙 관계로 되돌아가지만 말이다. 생명을 걸고 나라의 존망을 지켜낸 푸른 제복의 전사 타탄아미의 혼이 선수들에게 전해지는 느낌이다.

❸ **아일랜드의** RISSC(The Republic of Ireland Soccer Supporters Club)

최근 아일랜드 축구는 국민의 간절한 기대에 부응하지 못하고 있지만, 서포터의 대표팀 사랑은 변함없다. 2000년 이후 월드컵과 올림픽에선 본선 진출에 실패했고, 유로대회는 2016년 16강에 오른 게 전부다. 대표팀의 성적이 이런데 서포터가 힘이 날 리 만무하지만 아일랜드의 서포터 '리스크RISSC(The Republic of Ireland

Soccer Supporters Club)'는 좀 다르다. 많은 스코어 차이로 지고 있더라도, 심지어는 이미 탈락이 확정된 경기라도 절대 자리를 뜨는 법이 없다. 오히려 격렬한 몸짓과 함께 응원의 목소리를 더욱 높인다. 특히, 경기에 지고 있을 때 보여주는 서포팅은 압권이다. 응원가는 1840년 대기근을 극복하는 아일랜드인의 불굴의 의지를 담은 '아덴라이의 평원Fields of Athenry'이다. 1870년대에 만든 민요로 우리나라로 치면 '아리랑'같은 곡이다. 아일랜드 축구 역사상 가장 좋은 성적(8강)을 낸 1990년 이탈리아 월드컵 때부터 선수들에게 불러 주기 시작했다. 물론 아일랜드 이주민의 희망 셀틱 FC의 응원곡이기도 하다. 응원가와 함께 아일랜드 서포팅에서 '포즈난 Poznan'은 빼놓을 수 없는 유명한 퍼포먼스다. 서포터가 '경기장을 등지고 어깨동무를 한 채, 펄쩍펄쩍 뛰면서 하는 응원'을 말한다. 폴란드 리그에서 '레흐 포즈난Lech Poznan 클럽'의 서포터가 처음 시작한 것에서 유래했다. 이후 셀틱 FC의 서포터가 따라 했고, 이를 국가대표 서포터가 받아들여 유럽과 세계에 전파됐다. 이 광경을 처음 본다면, 자칫 팀의 좋지 않은 경기력에 실망한 서포터가 팀을 배반하는 행위로 오해할 수 있지만, 여기에 숨은 의미는 역설적이게도 정반대다. 포즈난은 '경기를 보지 않더라도, 우리 선수들이 이길 것이다'는 의미로 전폭적인 신뢰와 지지를 보내는 행위다. 비록 현실(성적)은 그리 녹록치 않지만, 아일랜드 서포터는 경기 승부와 관계없이 오히려 더 절망적일수록 포즈난 응원을 강조한다. 그라운드를 등진 채 어깨동무를 한 채, 아덴라이 평원의 노래를 목청껏 부르는 모습은 아일랜드가 단연 으뜸이다. 때론 보인 이에게 장엄한 느낌까지 전하는 이 포즈난은 최근 9회 연속 월드컵 본선 진출을 달성한 우리 대표팀이 슬럼프에 빠졌을 때도 가끔 볼 수 있는 장면이다.

❹ 독일의 그라운드 후퍼스(Ground Hoopers)

독일의 서포터 '그라운드 후퍼스Ground Hoopers'는 천하무적 전차군단과는 좀 다른 이미지다. 오히려 친근하고 아기자기한 매력이 돋보인다. 특히, 대회 기간 내내 푸른 재킷이 달린 진Jeans을 입고 그동안 참가한 대회의 배지Badge나 대표팀의 상징(엠블럼Emblem)을 주렁주렁 장식하는 독특한 패션이 유명하다. 배지나 엠블럼이 많으면 모자나 하의까지로 확대되고, 머플러 등과 함께 장식해 화려하면서도 독창적인 모습을 연출해 가는 곳마다 많은 사람들에게 좋은 볼거리를 제공한다. 그렇게 전 세계를 돌며 구한 배지나 엠블럼은 마치 세계제국을 건설한 로마군단의 기수단의 훈장이나 전리품처럼 보인다. 후퍼스들은 독일 대표팀과 함께 전 세계를 돌며 운명을 함께해 왔다. 핵심 멤버들은 전 세계 200개가 넘는 경기장을 다녔다고 하니 그 열정은 알아 줘야 한다. 유럽에서 열리는 경기라면 각종 응원 도구로 무장하고 한 손에는 유레일패스Eurailpass를 든 파란 옷의 후퍼스가 인기다. 그러나 이 아기자기한 모습은 대표팀의 경기가 없는 날에만 볼 수 있는 장면이다. 결전의 날이면 관중석은 모두 흰색 유니폼을 입고 군복[44]에서 유래한 삼색 국기를 흔들며 특유의 힘과 절도가 넘치는 응원을 보

---

[44] 독일 국기를 구성하고 있는 흑·적·금색의 삼색은 과거 독일 군복에서 유래했다. 자세한 내용은 '축구상징의 전쟁'에서 확인하기 바란다.

여준다. 특히 서포터 전체가 동시에 선수의 이름을 목이 터져라 외치는데, 호명되는 선수는 반드시 멋진 플레이로 보답해야 하는 분위기가 된다. 마치 알렉산드로스 대왕이나 나폴레옹이 출정하는 부하들의 이름을 부르는 의식과도 많이 닮아 있다. 두 번의 전범국이라는 멍에 때문에 호전적인 이미지를 뺐는지도 모르겠다.

❺ 이탈리아의 울트라(Ultras)

잉글랜드가 별도의 응원 도구 없이 박수에 맞춰 육성과 구호만으로 응원한다면, 이탈리아는 반대로 화려하고도 열정적인 서포팅을 전통으로 한다. 화려한 분장과 깃발은 기본이고, 대형 현수막에 조명탄과 연막탄까지 다양한 응원기재가 동원된다. 아주 시각적이고 자극적인 서포팅을 구사한다. '울트라Ultras'는 이탈리아 서포터를 부르는 말인데 나름의 스토리가 있다. 원래 울트라는 밀라노Milano를 연고로 하는 'AC 밀란'의 서포터를 중심으로 1968년에 조직됐다. 당시 AC 밀란에는 주로 좌파 성향이 강한 젊은 노동자를 주축으로 하는 서포터와 더 과격한 극좌 성향의 반체제 시위대도 함께 있었다. 이처럼 이탈리아 국가대표팀의 서포터도 이와 비슷한 색깔과 성향을 띠게 되었다, 그러다보니 응원단이 시위대 모습을 닮아 아주 과격한 것이 특징이다. 통일된 복장을 착용하고, 북소리에 맞춰 구호를 외치며 응원기를 흔든다. 경기 중간 중요한 순간에는 확성기나 마이크를 든 리더의 지휘에 따라 연막이나 조명탄을 터뜨리고 레이저 쇼 같은 다양한 퍼포먼스를 선보여 극적인 효과를 증폭시킨다. 그러나 전통적으로 지나친 승부욕 때문에 쉬운 경기에서 지거나 조기에 탈락하는 등 기대에 미치지 못하는 경우, 실망한 서포터는 돌발적인 행동과 폭력사용도 불사한다. 특히, 돌과 몽둥이는 기본이고, 총에 심지어 폭발물까지 동원하기도 한다. 뒤에서 소개하겠지만, 세계 축구 참사 가운데 피해자가 많지는 않으나 죄질이 나쁜 편이다. 그러나 오해하지 말아야 할 건, 이런 성향은 일부 소수에 해당된다는 사실이다.

❻ 네덜란드의 오렌지 후터스(Orange Hooters)

　네덜란드 축구팀의 공식 유니폼이나 응원단은 오렌지색이다. 전쟁 같은 축구 경기에서 오렌지색은 왠지 약할 것 같은 느낌을 주지만 여기에도 긴 역사와 이유가 숨어 있다. 오렌지색이 네덜란드를 대표하는 상징색이 된 건 16세기로 거슬러 올라가 스페인으로부터 독립하면서부터다. 당시 네덜란드의 독립을 주도한 '윌리엄William I of Orange'은 '오랑주-나소Orange-Nassau' 지역의 영주였다. 오렌지색은 윌리엄 가문의 문장색으로, 독립전쟁이 끝난 후 1572년에 정식으로 국기에 추가되면서 나라 상징색이 됐다. 우리의 '태극 문양'처럼 민족의 독립과 왕가의 상징인 셈이다. 월드컵의 다크호스(세 번의 준우승)인 네덜란드 오렌지군단의 서포터는 '오렌지 후터스 Orange Hooters'로 불린다. 눈에 쉽게 띄는 색이라 응원석에 오렌지색이 많으면 시각적인 효과가 극대화되면서 위압감을 줄 수도 있겠지만, 반대로 숫자가 적으면 존재감이 떨어진다. 후터스의 튀는 색 말고도 독특한 서포팅으로도 유명하다. 대표팀의 경기가 있는 날이면 트럼펫이나 튜바 등 관악기로 구성된 브라스 밴드가 오렌지색 유니폼을 입고 함께 응원한다. 특히, 경기가 시작되기 전이나 하프 타임은 물론 경기가 끝난 후 경기장 밖에서까지 훌륭한 연주에 맞춰 힘찬 육성 응원을 선보인다.

❼ 브라질의 카나리아 군단

브라질 축구 대표팀은 월드컵 최다 우승국(5회)으로 세계 최강이지만, 응원도 절대 빠지지 않는다. 특히, 국가대표팀에 대한 열정은 세계 그 어떤 서포터 이상이다. 브라질에는 4년 동안 힘들게 번 돈으로 대표팀과 함께 세계 각지로 응원을 떠나는 '월드컵 순례자'가 유난히 많다. 경비가 부족하면 노숙도 불사하고, 아예 숙소나 경기 예매 없이 무작정 짐 싸서 떠나는 사례도 많다. 한마디로 '축구에 죽고 사는 광팬'들이 브라질 서포터의 주축이니 그 자체로 세계 최강이다. 또한 선수들의 노란 유니폼을 함께 입는 서포터의 화려한 외모 역시 세계 최고다. 선수나 서포터 모두 샛노란 깃털을 가진 새 '카나리아Canaria'를 닮았다하여 '카나리아 군단[45]'으로도 불린다. 브라질 서포팅에는 잘 짜여진 응원 프로그램보다는 서포터 개인의 즉흥적인 서포팅에 의존하는 경향이 일반적이다. 개인 기량을 중시하는 브라질의 축구 스타일을 닮았다. 굳이 있다면, 별도의 응원가 없이 그저 선수 이름이나 '브라질! 브라질!'을 외치는 게 고작이고, 오히려 스탠드에서 삼바를 추는 데 더 집중한다. 음악이 나오면 춤추기 바쁘고, 음악이 없으면 노래를 부르며 춤을 춘다. 무엇보다 브라질의 가장 든든한 서포터는 세계의 축구 팬들이다. 이런 표현이 가

---

[45] 브라질 서포터의 공식 명칭은 아니나 필자가 하나를 정해 붙인 이름이다.

능한 건 아마도 세계 최강 브라질 축구를 더 보고 싶어 하는 팬들이 많기 때문일 것이다. 자기 나라의 진출과 탈락에 미치는 영향만 없다면, 월드컵 최다 우승국 브라질의 탈락을 원하지 않는다는 의미다. 아울러 대회의 성공을 바라는 피파나 개최국 국민을 포함한 관계자들에게도 마찬가지다. 이런 세계의 극성팬들 때문에라도 브라질은 스스로 조기 탈락할 수 없다.

❽ 미국의 샘스 아미(Sam's Army)

스코틀랜드는 '타탄 아미' 말고도 서포터 군대가 하나 더 있다. 미국 서포터인 '샘스 아미Sam's Army'가 그것이다. '샘Sam'은 '사무엘Samuel'의 애칭으로 철수처럼 미국에서 아주 흔한 이름이로 미국을 상징한다. 여기에 '군대Army'를 합성해 만든 애칭으로 짐작하는 바와 같이 타탄아미에서 힌트를 얻었다. 여기에 미국을 의인화한 '엉클 샘Uncle Sam'의 이미지를 합성했다. 이 이미지는 17세기 미국 군대에 고기를 납품하는 업자 '사무엘 윌슨'을 모델로 만든 이미지를 19세기 영국으로 건너간 한 만화가(존 대니얼)가 염소수염을 추가해 완성했다. 엉클 샘은 세계대전에 미국이 참전을 결정하면서 군 입대를 독려하는 모병募兵 포스터에 등장해 활약하면서 유명해졌다. 샘의 모자는 곧 샘스 아미의 엠블럼 '엉클 샘의 모자를 쓴 축구공'에도 등장한다. 미국에서 축구는 미식축구, 야구, 농구에 비해 찬밥 신세지만, 꾸준히 저변이 확산되면서 서포터도 늘고 있는 추세다. 샘스 아미는 1994년 미국에서 처음 열린 월드컵이 끝난 직후에 2명의 축구팬이 온라인 소식지를 만들면서 시작됐다. 다른 서포터

46) 미국에서 축구 서포터는 최근의 일이지만, 축구 역사와 성적은 그렇지 않다. 월드컵에는 1930년 처음 출전해 3위에 올랐고, 코파 아메리카Copa America 대회에서는 1993년부터 출전해 최고 4강의 성적을 거두기도 했다.

에 비해 상대적으로 늦었다46). 회원들은 홈페이지를 통해 마음에 맞는 사람들끼리 모여 소그룹 단위로 활동하기 때문에 구심점이 없고 산만해 보인다. '캡틴 아메리카'나 '엘비스 프레슬리' 같은 미국 영웅의 이미지나 성조기를 얼굴 또는 온몸에 그려 넣은 바디 페인팅은 볼만하다. 서포팅은 통상 골문 뒤에 진을 치고서 90분 내내 서서 노래를 부르며 쉬지 않고 하는 응원으로 유명하다. 응원은 적극적이지만 훌리건은 배격한다.

❾ 일본의 울트라 니폰(Ultra Nippon)

일본 서포터는 한·중·일 3국 가운데 가장 먼저 결성됐다. 이탈리아 울트라에서 힌트를 얻은 '울트라 니폰Ultra Nippon'은 1992년 아시아컵대회 우승 후 결성됐다. 해외로 가장 많은 서포터를 보낼 수 있는 서포터로 세계 최강 브라질에 이어 다음으로 꼽힌다. 어떤 원정 경기든 서포터 수가 부족해 밀리는 경우는 별로 없다. 삼국 중 역사도 깊고 숫자도 많지만 붉은악마나 치우미(중국 서포터)에 비해 조직력이나 레퍼토리가 부족하다는 게 일반적이다. 회원제가 아니기 때문에 경기 때마다 자발적으로 모여서 응원하는 전통을 고수한다. 다소 결속력이 느슨하다보니 많이 모이지만 다양한 프로그램을 준비하기에는 역부족이다. 응원가는 붉은악마가 응원가를 창작하는 데 반해 이미 유행된 곡에 개사해 부르고 그나마도 점점 줄고 있는 추세다. 그래서 "박수 세 번에 니폰을 외치는 서포팅만 남을 것이란 우려의 목소리도 있다. 게다가 2006년 독일 월드컵에 과거 태평양 전쟁을 일으킨 일본 제국군대의 욱일승천기旭日昇天旗를 몰래 숨겨 들여와 응원석에 슬그머니 내걸어 비판을 받기도 했다. 이후 이런 경향은 관중석에서 그라운드(선수의 공식 유니폼47))로 옮겨지고 있는 것 같다. 점점 수위가 높아지는 '서포터의 우경화'도 문제다. 고대 축구에 뿌리를 둔 '현대 축구 삼국지'의 대결 구도는 서포터에도 이어지고 있다.

47) 2012년 런던 올림픽에선 체조 선수들이 욱일승천기를 모티브로 한 유니폼을 입었고, 2014년 브라질 월드컵에선 엠블럼을 중심으로 방사선 11개를 음영 처리한 유니폼을 착용한 바 있다.

❿ 중국의 치우미(球迷)

중국의 서포터는 한·중·일 3국 가운데 가장 늦게 결성됐다. 지난 한일 월드컵 개최를 불과 6개월 앞둔 2001년 12월에 당시 정몽준 대한축구협회장과 붉은악마의 임원을 초청해 창단식을 가졌다. '치우미球迷'는 '축구에 미친 사람들의 모임'이란 의미다. 당시 치우미 회장은 "우리가 적극적으로 응원한다면 16강도 비관적이지 않다. 숙박·교통 문제만 해결된다면 100만 명이라도 한국으로 보낼 수 있다48)"는 자신감을 보였다. 중국 서포터의 잠재력을 볼 수 있는 대목이다. 사실 2017년 말 기준으로 14억 명의 중국 인구 가운데 회원 수만 무려 1억 명에 육박하고, 이 가운데 적극적으로 활동하는 서포터만 대략 8,000만 명 정도다. 그야말로 '세계에서 가장 거대한 서포터'다. 이들의 서포팅 전략은 간단하다. 스탠드를 오성홍기와 붉은 치우미로 온통 붉게 물들이겠다는 것이다. 마치 과거 중공군

48) 2001년 12월 28일자 문화일보 사설에서 발췌했다.

의 '인해전술人海戰術'처럼 숫자로 밀어붙여 '대~한민국!'을 '찌아 요!'로 삼켜버리는 게 핵심이다. 우리는 이 전략이 얼마나 위협적인지 잘 알고 있다. 게다가 타악기 중심의 악단과 용 인형까지 만들어 다양한 퍼포먼스도 준비하는 등, 최근 대표팀의 성적과 함께 서포팅의 수준도 일취월장하고 있다. 과연 치우미의 중국몽中國夢이 언제 이뤄질 수 있을지 두고 볼 일이다.

⓫ 대한민국의 붉은악마(Red Devils)

'붉은악마Red Devils'는 1995년 PC통신(하이텔)을 기반으로 한 축구 동호회가 중심이 돼 결성한 대한민국 서포터다. 1983년 멕시코 세계청소년축구대회에서 외국 언론이 붉은 유니폼을 입고 4강에 오른 우리 팀에게 붙인 '붉은 악령Red Furies'에서 유래했다. 2002년 한일 월드컵에서 붉은악마는 우리에게는 물론 세계인들에게도 감동의 대사건이 아닐 수 없었다. 잠깐 당시의 기록을 살펴보면 그저 경이롭다. 조별 리그에서 3·4위전까지 치른 일곱 경기에서 붉은 유니폼을 입고 경기장이나 거리에서 응원한 인원은 대략 2,331만 명에 이른다. 한 경기당 평균 333만 명이나 응원에 참여했다.(정태환 〈2002〉의 자료를 참조해 재작성했다) 전체 국민의 절반이 기꺼이 붉은 악마가 됐고, 경기 때마다 경상남도 도민 전체가 경기장과 거리로 나선 셈이다. 이런 폭발적인 응원은 세계 어디서도 그 유례를 찾아볼 수 없는 기록이다. 매번 본선에 나가 단 1승도 하지 못하던 대표팀의 선전에 전 세계가 놀랐고, 대형 국기나 치우천왕의 깃발을 앞세운 붉은악마의 힘찬 응원 구호와 조직적인 서포팅에 세계는 전율했다. 태극전사의 4강 신화에 붉은악마의 헌신을 빼놓을 수 없는 이유다. 붉은악마들은 경기 시작 한두 시간 전부터 응원을 시작해 경기가 끝날 때까지 선 채로 응원가를 부르고 박수와 함께 '대~한민국!'을 외치며 함성을 질렀다. 단 한순간이라도 노래나 구호, 함성이 끊기는 순간이 없을 정도로 열정을 불살랐다. 당시 붉은악마는 대한민국을 하나로 만드는 구심점이 됐다. 대표팀의 승리를 위해 혼신의 힘을 다하고, 비록 적이라도 페어플레이에는 박수를 보내며 결과와 관계없이 최선을 다한 선수들에게 무한의 신뢰와 격려를 보냈다. 당시 외신에서 소개한 전문가 인터뷰다. 그들은 이구동성으로 "한국 응원단에게 깊은 감명을 받았다. 한국 축구의 4강 신화는 아마도 붉은악마와 거리응원에서 나온 것 같다"는 논평을 내놨다. 만약 태극전사가 월드컵에서 우승한다면 어떤 일이 벌어질지 생각만으로도 기분 좋은 일이다.

3 서포팅 전쟁

 2018년 새해가 밝아오자, 지구 반대편 아프리카에서 날아온 소식이 있었다. "이집트 프로축구경기에 팬 입장 다시 허용"이란 제목의 기사였다. 그러면 그동안은 관중 없는 경기를 했다는 얘긴데, 어떤 사정이 있었는지 궁금해졌다. 축구 없인 한시도 살 수 없는데, 어떻게 무無관중 경기를 했다는 것인지 이해할 수 없었다. 사실 스포츠 가운데 축구만큼 많은 사건사고를 몰고 다니는 종목도 없다. 과격함으론 럭비나 미식축구, 아이스하키에 미치지 못하지만, 선수에서 서포터 나아가 국민 전체가 원초적 폭력성에 중독되는 경기로 축구는 상상을 초월한다. 이제부턴 12번째 선수들의 살벌한 한판 승부를 살펴보고자 한다.
 오늘날 세계의 축구 경기엔 지배-피지배, 종교, 지역감정 등 오랜 갈등이 경기장의 어이없는 오심, 소속 팀의 패배 등 갖가지 이유와 결부돼 숨겨진 악마의 이빨을 드러낸다. 다른 종목과는 달리 대형 사고와 대규모 충돌을 유인하는 잠재적 요인이 너무 많아, 경기장 안팎에선 수백 명의 사망자나 부상자가 생기기 마련이다. 이를 '참사Disaster'나 '폭동Riot' 등으로 부르고, 이를 유발하는 서포터를 '훌리건Hooligan[49]'이라 한다. 그러나 이 정도로는 부족하다. 도를 넘어선 몇몇 사례는 거의 '전쟁'이나 '광란狂亂의 폭도暴徒'로 불러야 더

[49] 훌리건의 고향은 잉글랜드다. '런던의 불량배'에서 유래한 용어로 '축구 경기에서 난동을 부리는 사람'을 말한다.

어울린다. 축구에만 허락된 용어들이다. 여기에 소개할 사례는 비행기 추락 등에 의한 안전사고는 제외[50]하고, 서포터 간의 충돌이나 난동에 의한 사례만 정리해 소개한다.

[50] 푸에르타 도세 참사, 아이브록스 참사, 힐스보로 참사의 3건은 현대 축구의 진화과정을 살피는 중요한 계기가 된 사건으로 특별히 포함했다.

❶ 페루의 리마 축구 폭동(Lima Football Riot)

축구 역사상 가장 많은 인명 피해를 낳은 최악의 사건이다. 1964년 도쿄 올림픽 지역예선에서 페루와 아르헨티나가 만났다. 페루 리마 국립경기장에서 열린 경기에서 원정팀 아르헨티나가 선제골을 넣으면서 무난히 승리할 것처럼 보였지만, 경기 종료 2분을 남겨두고 페루에서 극적인 골을 성공시켜 승부를 원점으로 돌리는 듯했다. 그러나 주심이 파울을 선언해 무효가 됐고, 아르헨티나의 승리로 끝났다. 이를 지켜 본 페루의 흥분한 관중들이 그대로 그라운드로 밀려 내려와 경기장은 삽시간에 아수라장으로 변했다. 경찰이 투입됐지만 사태를 진정시키기에는 역부족이었다. 관중들은 경기장을 부수며 난동을 부렸고, 급기야는 경기장 밖으로 몰려나가 도시 곳곳에서 폭동을 일으켰다. 사태의 심각성을 인식한 정부는 경찰만으로는 어렵다는 판단에서 계엄령을 선포하고 군대를 투입해 가까스로 진압에 성공했다. 이 과정에서 무려 328명의 사상자와 부상자를 포함해 약 1,000명으로 추산돼 세계에서 축구로 인해 발생한 가장 많은 희생자를 낸 참사다. 보통의 경우라면 지역이나 경기장 이름을 붙여 '리마 참사'로 부르는 게 맞지만, 경기장 난동에서 시작해 시가지 폭동으로 번졌기 때문에 유일하게 폭동으로 분류된다. '리마 축구 폭동Lima Football Riot'으로 부르는 이유다. 축구 역사 가운데 '계엄령'이 선포된 가운데 '무장 군대'가 투입된 유일한 사례다.

❷ 아르헨티나의 푸에르타 도세 참사(Puerta 12 Disaster)

이 참사는 아르헨티나가 자랑하는 세계적인 더비, 스페인의 엘 클라시코를 능가한다는 '수페르클라시코El Super Clasico'와 관련이 있다. 1968년 6월 23일 부에노스아이레스의 엘 모누멘탈 경기장에서 열린 리그 경기에서 숙적의 보카 주니어스와 리베르 플라테가 만났다. 경기는 득점 없이 무승부로 끝났지만, 2층 스탠드에서 응원하던 보카의 팬이 불붙은 종이를 아래 스탠드로 던지자 이내 화재로 번졌다. 놀란 관중들이 이를 피하려고 가장 가까운 출구인 '12번 게이트'로 한꺼번에 몰려들었다. 그런데 불행하게도 이 출구는 굳게 닫혀 있었고, 관중들은 아무도 빠져나가지 못한 채, 몰려드는 사람들로 닫힌 출구 쪽에는 압력이 점점 가중됐다. 그때 문 앞에 있던 일부 관중이 넘어지면서 도미노처럼 붕괴됐고, 이로 인해 12번문은 74명의 사망자와 150명의 부상자로 삽시간에 지옥으로 변했다. 희생자들의 대부분이 평균 20세 미만의 청소년이어서 주변의 안타까움을 더했다. 경찰은 3년 동안 사고조사를 벌였지만, 원인이나 책임자를 밝힐 수 없었고, 그해 시즌이 끝날 때까지 모든 선수들이 모금한 성금을 유족에게 지급하며 사태는 마무리됐다. 사고당한 출구의 이름을 따서 '푸에르타 도세Puerta 12 참사'로 부르며, 아르헨티나에서 가장 끔찍한 사고로 기록돼 있다. 이때 참사를 기억하기 위해 영화로 제작된 바 있다.

푸에르타 도세 참사를 재현한 장면

❸ **스코틀랜드의 아이브록스 참사** 1·2(Ibrox Disaster Ⅰ·Ⅱ)

잉글랜드, 스코틀랜드, 아일랜드의 오랜 피의 역사가 사람들의 기억에 남아 있는 한 축구 경기는 평화로울 수 없다. 한 치도 물러설 수 없는 국가 대표팀의 A매치나 클럽 간의 더비 매치가 격렬할수록 재앙은 피할 수 없는 법, 긴 역사만큼 재앙의 역사도 깊다. 특히, 스코틀랜드 글래스고에 위치한 '아이브록스Ibrox' 경기장은 1902년과 1971년, 두 번에 걸쳐 발생한 대형 인명사고의 현장이다. 첫 번째 참사는 1902년 잉글랜드와 스코틀랜드의 브리티시 챔피언십 경기에서 일어났다. 전날 내린 폭우 때문에 지반이 약해져 나무로 만든 스탠드의 지지대가 무너져 내렸다. 모두 25명이 숨지고 517명이 다친 이 경기에서 두 팀은 무승부를 기록했지만 공식 경기로 인정받지 못했다. 두 번째 참사는 이로부터 70년이 지난 1971년에 열린 올드펌 더비에서 벌어졌다. 약 8만 명의 관중들이 지켜보는 가운데 셀틱이 1대0으로 리드한 채 경기 종료가 임박하자, 낙담한 레인저스 서포터가 아쉬움을 뒤로 한 채 자리를 떠나 경기장을 빠져 나가고 있었다. 이때 갑자기 경기장에서 환호성이 터져 나왔다. 경기 종료 직전에 극적인 동점골을 성공시킨 것이다. 이미 경기장을 빠져 나온 레인저스의 팬들은 이 감동적인 장면을 보기 위해 다시 경기장으로 들어가려고 '13번 통로'로 몰려들었다. 이들 가운데 아이를 목마 태운 아버지가 넘어지면서 계단을 가득 메운 사람들이 연쇄적으로 쓰러져 무려 사망자 66명에, 160여 명의 부상자가 발생했다. 이후 1년간의 정밀조사를 거쳐 1973년에 '그린 가이드Green Guide'에 이어 1975년 '스포츠 관중들의 안전에 관한 법the Safety of Sports Grounds Act 1975' 제정의 기초가 됐다. 이런 조치가 있은 후, 비로소 올드펌 더비의 격렬한 난동은 점차 수그러들었다. 결정적으로 다음에 소개할 1990년 '테일러 리포트Taylor Report'를 계기로 더비는 예전만 못하다는 혹평 같은 칭찬을 듣는다.

❹ 잉글랜드의 헤이젤 참사(Heysel Stadium Disaster)

축구 참사에서 종주국 잉글랜드를 빼고선 논할 수 없다. 1985년

5월, 유러피언컵에서 잉글랜드의 자부심 리버풀FC와 이탈리아의 명문 유벤투스FC가 결승에 올랐다. 두 팀은 벨기에 브뤼셀의 헤이젤Heysel 경기장에서 격돌했다. 역대 최악의 축구장 난동 중 하나로 꼽히는 이 참사의 실체는 유럽 대륙의 축구장을 장악하려는 잉글랜드 '훌리건'과 이탈리아의 '울트라' 간의 주도권 쟁탈전 때문에 생긴 재앙이었다. 1984년 리버풀의 서포터 더콥The Kop의 일부 회원들이 유벤투스의 서포터 울트라Ultras에게 집단으로 구타를 당하는 사태가 벌어졌다. 그리고 1년 후, 두 팀은 외나무다리에서 만났다. 그것도 결승전에서. 더콥은 1년 전 받은 수모에 대한 복수를 다짐하며 벨기에로 향했다. 경기 시작 한 시간 전, 대회 주최 측은 양 팀의 충돌을 방지하기 위해 서로의 응원석을 펜스로 막고 중립지대를 만들어 섞이지 않게 입장시켰다. 경기 시작 전부터 경기장은 이미 양 팀 서포터의 열정적인 응원으로 흥분의 도가니였다. 먼저 유벤투스 팬들이 중립지대 건너에 위치한 리버풀 관중들에게 오물을 던지며 욕설로 도발했다. 이에 격분한 리버풀 관중들은 술렁이기 시작했고 기회만 노리던 훌리건이 행동을 개시했다. 그들은 미리 준비한 쇠파이프와 몽둥이를 들고 중립지대 펜스를 넘어 유벤투스 관중석을 덮쳤다. 사진만 보면 준비된 폭력배 같은 느낌이다.

훌리건은 울트라와 일반 관중을 구분하지 않고 무차별적으로 흉기를 휘둘렀다. 이들을 피하려던 유벤투스 관중들이 경기장을 황급히 떠나면서 순식간에 많은 인원이 출구로 몰려들었다. 결국 7미터 높이의 콘크리트 벽이 버티지 못하고 무너져 내리면서 많은 관중들이 압사당하거나 스탠드에서 떨어지는 사고가 이어졌다. 모두 39명

쇠파이프와 몽둥이를 들고 유벤투스 관중석으로 향하는 리버풀의 훌리건

이 사망하고 454명이 부상당했으며, 사건을 주동했던 훌리건 29명이 구속됐다. 경기장 이름을 붙여 '헤이젤 참사Heysel Disaster'로 부른다. 이게 다가 아니다. 당시 난동을 방조했다는 이유로 잉글랜드의 모든 축구팀에게 '5년 동안 국제대회 출전 금지' 징계가 내려졌다. 훌리건의 온상지 리버풀에는 특별히 2년이 가산돼 '7년간 출전 금지'가 적용됐다. 벨기에의 자부심 헤이젤경기장도 축구를 포함한 모든 구기종목이 통제되고, 한동안 육상경기만 열리는 벌칙을 받았다. 이 참사로 경기장과 경기진행도 많은 변화가 있었다. 경기장의 스탠드는 모두 좌석제로 변경됐고, 경기장 음주 반입은 철저히 금지됐으며 훌리건의 적극적인 진압도 명문화됐다. 이 참사 역시 다음에 소개할 테일러 보고서에 포함됐다.

❺ 잉글랜드의 힐스보로 참사(Hillsborough Disaster)

1989년 4월, 리버풀FC와 노팅엄포리스트FC 간의 FA컵 준결승전은 잉글랜드 셰필드Sheffield에 위치한 '힐스보로Hillsborough' 스타디움에서 거행됐다. 경기 시간에 임박하자, 약 5천 명의 관중이 한꺼번에 몰리는 바람에 경기장 입구의 회전문에 병목 현상이 발생했다. 불길한 징조였다. 평소에는 수용 한계에 이르면 경찰과 직원이 입구에 서서 다른 문으로 유도했지만, 유독 이날은 그러지 않았다. 미봉책으로 회전문 옆의 보조문을 개방해 입장객을 분산하려 했지만 악수惡手였다. 보조문이 개방되자 회전문에서 순서를 기다리던 사람들이 일제히 몰려들었다. 경기 시작 6분 만에 일부 팬들이 붐비는 곳에서 빠져나오기 위해 펜스를 타고 오르기 시작하자, 심판은 경기를 잠시 중단시켰다. 이때 관중들이 펜스의 작은 문을 통해 빠져나가려 하자, 펜스에 너무 많은 관중들이 몰리면서 자연히 펜스로 넘어졌다. 관중석은 순식간에 아수라장이 됐고, 압사 당한 사람들의 신음 소리로 아비규환이 됐다. 경찰과 직원들이 있었지만, 그저 바라만 볼 뿐 아무 것도 하지 못했다. 이 사고로 96명이 숨지고, 766명의 팬들이 부상을 입었다. 사고 이후 고인을 기리는 행사가 리버풀 FC의 홈구장과 힐스보로 스타디움에서 열렸다. 구단에선 여기에 사용된 횃불 두 개를 리버풀의 엠블럼 '리버 버드Liver Bird'의 양쪽에 추가해 10년(1993~2012년) 동안 사용하기도 했다.

헤이젤과 힐스보로 참사는 결국 법원으로 보내져, 재판을 담당했던 테일러의 '힐스보로 경기장 참사 보고서The Hillsborough Stadium

1989년 힐스보로 참사

Disaster Inquiry Report' 줄여서 '테일러 리포트Taylor Report'가 나오게 된 계기가 됐다. 1990년 발표된 이 보고서는 축구의 전통을 파괴한다는 거센 항의에도 불구하고, '스포츠 이벤트의 사고 방지에 관한 제반 조치'를 법제화하는 성과가 있었다. 특히, 모든 스타디움에 보호 철망을 철거하고, 스탠드에 좌석제를 의무화하며 주류 판매 금지와 안전방벽 설치 등의 제도적 장치를 마련했다. 이후 전쟁터 같은 축구장에 약간의 평화가 보이기 시작했다.

❻ 벨기에의 샤를러레 난동(Charleroi Stadium Riot)

'유로 2000'을 통해 잉글랜드 훌리건은 다시 한 번 벨기에의 작은 도시 '샤를러레Charleroi'에 모여 그들의 '명성'을 유감없이 과시했다. 잉글랜드는 1966년 런던 월드컵 이후 한 번도 이기지 못한 숙적 독일을 맞이해 모처럼의 승리를 노리고 있었고, 디펜딩 챔피언 독일은 예전처럼 쉬운 승리를 낙관했다. 그러나 경기는 예상을 깨고 잉글랜드에게 유리하게 전개됐다. 전반 독일의 공격을 잘 막아낸 잉글랜드는 후반 8분, 독일 진영의 오른쪽 코너 부근에서 얻은 프리킥을 베컴이 정확하게 반대로 올렸고, 상대 수비수를 따돌린 골잡이 시어러가 헤딩으로 결승골을 넣어 34년 만에 승리와 오랜 복수를 겸어줬다. 경기는 별 잡음 없이 마쳤지만, 문제는 경기장 밖에 있었다. 이날 밤, 거리에는 잉글랜드의 훌리건 수백 명이 경기가 있었던 샤를러레 시가지를 휩쓸고 다니면서 독일 팬들과 시가전을 벌였다. 여기엔 축구만큼은 절대 양보할 수 없는 숙적 관계[51]인 두 나라의 빅 매치를 이 조그만 도시에 수용한 주최 측의 실수도 한몫했다. 경기 일정은 발표됐지만, 입장권 구하기가 '하늘의 별따

51) 잉글랜드와 독일의 관계는 다음에 소개할 '전쟁 유발자, 축구'를 참조하기 바란다.

기'였다. 그나마도 티켓 대부분은 '있는' 사람이나 '스폰서'에게 할당돼 있어, 서포터에겐 아예 기회조차 없었다. 경기를 관전하고 싶지만 티켓을 구하지 못한 영국 팬들의 불만은 고조됐다. 게다가 샤를러레에는 서포터를 위한 그 어떤 배려도 없었다. 광장엔 대형 스크린은 고사하고, 단 한 대의 TV나 경기중계를 들을 수 있는 스피커도 없었다. 심지어 스코어보드조차 보이지 않았다. 축구를 볼 수 있는 곳은 오로지 텔레비전이 있는 술집 말고는 없었기 때문에 서포터들은 술집에서 죽치고 경기를 보기 위해 대낮부터 술을 마셔야 했다. 그리고는 경기에서 이기자, 기쁨과 분노가 동시에 폭발해 거리로 뛰쳐나갔다. 술에 취한 영국 팬들이 거리를 질주하자, 벨기에 경찰들은 최루가스와 물대포로 진압하려 했다. 경찰의 진압이 강할

수록 팬들은 더욱 강하게 대응하면서 거칠어졌다. 그나마 사망자 없이 56명의 부상자만 발생한 건 어찌 보면 불행 중 다행이었다. 그러나 경찰에 965명이 연행돼 조사를 받았고, 이 가운데 절반이 넘는 464명이 추방당하는 수모를 겪어야 했다.

❼ 가나의 아크라 참사(Accra Sports Stadium Disaster)

아프리카도 축구 참사는 피해가지 못했다. 2001년 5월, 가나의 수도 아크라의 '아크라 스타디움Accra Sports Stadium'에서 열린 가나 축구리그의 1, 2위 팀인 아크라 하츠 오브 오크Accra Hearts of Oak Sporting Club와 쿠마시 아산테 코토코Kumasi Asante Kotoko의 경기가 있었다. 이날 사고는 경기 종료 5분을 남기고 원정팀 아산테가 1대2로 지게 되자, 실망한 팬들이 병과 의자를 경기장으로 집어던지면서 시작됐다. 경찰은 경기 종료가 임박한 상황에서 관중 난동이 점점 심각해질 것을 우려해 최루탄이라는 극약 처방을 택했다. 스탠드에 있던 관중들은 최루가스를 피하기 위해 이리저리 몰려다니다 넘어지기 일쑤였고, 그 넘어진 위로 또 다른 관중들이 덮치면서 사고는 걷잡을 수 없이 커졌다. 경기장은 최루가스로 앞이 보이지 않는데다 사람들의 비명 소리에 혼돈 그 자체였다. 이날 사고로 목숨을 잃은 사람들만 무려 127명에 달했다. 사고가 나자 아크라 시내는 병원과 경기장을 오가는 구급차로 마비됐고, 병원에는 복도까지 피를 흘리는 부상자와 가족들로 가득했다. 서포터 간의 갈등 때문에 벌어진 다른 사례와는 달리 경찰의 과잉 진압이 부른 재앙으로 2000년대 가장 많은 희생자를 낸 축구 참사였다. 그동안 남미나 유럽 중심의 축구 참사가 새롭게 아프리카 대륙에 상륙한 첫 번째 사례다.

❽ 이탈리아의 시칠리아 참사(Sicilian Derby Riot)

거친 중세 집단축구 칼치오Calcio의 나라 이탈리아에서의 축구장 난동은 다른 사례와는 좀 다르다. 비록 규모는 작을지 몰라도, 빈번하게 발생되며 거의 폭동에 가깝다. 2007년 2월, '시칠리아 더비Sicilian Derby'로 유명한 팔레르모Palermo와 카타니아Calcio Catania의 경기에서 발생했다. 이들의 충돌은 전반을 마친 휴식시간에 서포터끼리 시작됐는데, 후반 경기시작 휘슬이 울리고도 그칠 기미가 보이지 않자, 경찰이 투입됐다. 경찰은 경기를 일시 중단시키고, 난동 진압을 위해 관중석을 향해 최루탄을 발사했는데 이것이 화근이었다. 관중에게 쏜 최루탄에 격분한 누군가가 경찰을 향해 폭발물을 던진 것이다. 이 폭발로 경찰관 한 명이 그 자리에서 숨지고 동료 경찰관과 축구 팬 수백 명이 다쳤다. 그래도 경기는 다시 재개됐다. 원정팀 팔레르모가 2대1로 승리하며 경기는 마쳤지만, 난동은 경기장 밖으로 이어졌고, 인근지역은 마치 전쟁터를 방불케 했다. 다른 설명 없이 당시 사진만 본다면, 아마도 테러현장이나 전쟁이 휩쓴 시내의 전경을 떠올리게 될 것이다. 다른 참사와는 달리 피해자가 적은데, 그 수준은 좀 특별하다. 이탈리아 축구 역사에서 인명사고는 10년 단위로 1~2명 수준이어서 앞서 소개한 나라와는 비교도 되지 않는다. 그러나 서포터의 난동에 서슴지 않고 돌이나 칼, 총 심지어 폭발물까지 동원할 정도로 과격하다. 앞서 소개한 바와 같이 반체제 시위대의 영향이 아닌가 생각된다. 한마디로 죄질이 좀 나쁘다.

❾ 이집트의 포트사이드 참사(Port Said Stadium Crashes)

2000년대 이후 아프리카는 축구 참사의 핫 플레이스로 떠올랐다. 그동안 유럽과 남미 중심의 대형 참사가 남아공[52]에 이어 가나로 그리고 이집트를 덮쳤다. '경기장 난동 병病'이 테일러 보고서 이후 각고의 노력으로 유럽이나 남미에선 잠잠해진 반면, 아프리카로 이동한 느낌이다.

[52] 2001년 남아프리카 공화국의 축구경기장에서 입장하지 못한 축구 팬의 난동으로 50명의 사상자가 발생한 사고를 말한다.

2012년 2월, 이집트 북동부의 항구도시 '포트사이드Port Said'에서 열린 엘-마스리와 엘-아흘리의 프로리그 경기에서 양 팀 팬들은 집단 난투극을 벌였다. 원정팀 알-아흘리의 팬들은 수적 열세를 극복하고 기에서 눌리지 않기 위해 상대 팀을 비하하는 모욕적인 현수막을 내걸었다. 이 현수막을 두고 경기 전부터 험악한 분위기가 감돌았지만 다행히 큰 충돌 없이 경기는 마쳤다. 그러나 경기 결과 홈팀 엘-마스리가 승리한 것을 두고 편파 판정 시비가 벌어졌고, 삽시간에 집단 패싸움으로 번졌다. 외신에서 이례적으로 '충돌Crashes'이란 표현을 사용한 이유다. 이 사고로 무려 74명의 사망자와 1,000여 명의 부상자가 발생했고, 주동자 11명에 대해선 사형이 언도됐다. 아울러 모든 프로축구 경기를 관중 없이 치르는 중징계가 이어졌다. 그러나 이게 끝이 아니다.

이로부터 3년이 지난 2015년 2월, 이집트 정부는 그동안 국민에

2012년 이집트 포트사이드 참사

게서 빼앗은 축구를 다시 돌려주는 절차를 검토했다. 그동안의 무관중 징계를 풀어줄 의도로 테스트 경기를 진행하기로 한 것이다. 수도 카이로를 연고로 한 자말레크와 ENPPI와의 경기에 한하여 관전을 허용했다. 다만, 안전을 고려해 최대 수용 인원(3만 명)의 1/3 수준인 1만 명 선으로 제한해 경기를 치르기로 결정했다. 그러나 이 조치가 불씨를 키웠다. 티켓은 이내 매진됐고, 경기 당일 표를 구하지 못한 사람들이 몰리면서 문제는 불거졌다. 좁은 통로에 너무 많은 사람들이 몰리면서 통제가 어려워지자, 경찰의 최루탄 진압이 시작됐다. 동요한 관중들이 한 방향으로 휩쓸리면서 쓰러진 입장객 위로 무너졌다. 또 다시 참사였다. 22명이 압사하고, 20명이 부상을 입었다. 사건조사 결과, 주동자 14명 중 2명에겐 종신형, 12명은 2년~10년의 징역형이 선도됐고, 이집트의 모든 축구 경기는 또 무관중 징계를 받아야 했다.

2018년 2월 8일은 이집트 현대 축구사에서 의미 있는 날이다. 모든 언론에서 일제히 "그동안 무관중으로 치렀던 프로축구 경기에 관중 입장을 허용했다"는 내용의 기사를 실었다. 앞서 언급한 2012년 포트사이드 참사 이후 내린 징계(TV 시청만 가능)를 이제야 비로소 해제한 것이다. 여기엔 나름의 이유가 있었다. 이집트가 2018년 러시아 월드컵 본선행 티켓을 따냈기 때문이다. 32년 만에 거둔 쾌거여서 정부는 6년간 묶어 두었던 축구를 다시 국민에게 돌려주도록 결정한 것이다. 물론 최근 잉글랜드 프리미어리그 리버풀에서 득점왕 경쟁을 펼치고 있는 이집트 축구영웅 '모하메드 살라 Mohamed Salah'도 거들었다. 어쨌든 국민의 여망이 반영된 이번 조치가 얼마나 갈지는 두고 볼 일이다.

[표7] 축구의 대형 참사 일지

날짜	국가	참사명	경기팀	희생자(명)	
				사망자	부상자
1902.04.05	스코틀랜드	아이브록스참사 (1차)	스코틀랜드 vs 잉글랜드	25	517
1964.05.24	페루	리마축구폭동	페루 vs 아르헨티나	328	?
1968.06.23	아르헨티나	푸에르타도세참사	보카 주니어스 vs 리베르 플라테	74	150
1971.01.02	스코틀랜드	아이브록스참사 (2차)	레인저스 vs 셀틱	66	150
1985.05.29	벨기에	헤이젤참사	리버풀 vs 유벤투스	39	454
1989.04.15	잉글랜드	힐스보로참사	리버풀 vs 노팅엄포리스트	96	766
2000.06.18	벨기에	샤를레리참사	잉글랜드 vs 독일	-	56
2001.05.09	가나	아크라참사	아크라 vs 쿠마시	127	?
2007.02.02	이탈리아	시칠리아참사	카타니아 vs 팔레르모	1	?
2012.02.01	이집트	포트사이드참사	엘-마스리 vs 엘-아흘리	79	1,000
2015.02.08	이집트	카이로 참사	자말렉 vs ENPPI	22	20

4 훌리건(Hooligan) 대 롤리건(Rolligan)의 한판 승부

모든 스포츠 경기에서 대규모 응원전은 빼놓을 수 없는 볼거리지만, 축구는 단연 으뜸이다. 박빙의 승부에선 경기장 위치, 관중 분위기 등 경기 외적인 요인이 승부에 많은 영향을 미치기 때문에 현대 서포팅은 단순한 볼거리 이상의 가치가 있다. 2006년 독일 월드컵 파라과이와 경기에서 결승골을 득점한 잉글랜드 서포터의 사례는 모든 서포터가 지향하는 바다. 그러나 앞서 소개한 참사처럼 '도度'를 넘어서면 의도하지 않은 비극적인 파국을 맞이해야만 한다.

❶ 축구의 대형 참사 일지

지금까지 소개한 사례들을 시간 순으로 정리해 두었다. 물론 이 통계에는 1982년 300명의 사망자를 낸 모스크바 참사를 비롯한 대규모 경기장 안전사고[53]나 항공기 추락사고[54] 등은 포함하지 않았다.

숫자가 담긴 단순한 표 하나지만, 잘 들여다보면 섬뜩해진다. 이 통계 하나만 보더라도, 축구는 '피의 역사'를 가진 전투 스포츠Combat-oriented Sport임에 틀림없다. 매 경기마다 수만

[53] 대충만 봐도, 1982년 러시아 모스크바에서 300명이 압사당한 사고 말고도 1988년 네팔의 카트만두에서 93명, 1991년 남아공의 오르크나에서 40명, 1996년 과테말라의 과테말라시티에서 80명 등 경기장 사고는 지역을 불문하고 꾸준히 발생하고 있다.

[54] 1949년부터 시작된 축구선수의 항공기 사고는 2016년 브라질까지 무려 10여 회나 될 정도로 많았다. 희생자 가운데엔 국가대표 선수도 많았다. 맨유에는 1958년 활주로 이륙 전 사고로 잃은 동료 8명을 위해 리그에서 우승했다(1968년)는 감동적인 사연도 있다.

명의 인파가 몰리고, 과격한 경기장 난동과 과잉진압 등으로 사상자가 속출하는 스포츠는 축구 말고는 없다. 축구는 여자나 하는 운동이라며 남성미 넘치는 미식축구 자랑에 열을 올린 한 미국인에게 위 표를 보여주며 입을 닫게 한 경험도 있다. 더 중요한 건, 위 표의 참사 시간대를 살펴보면 알 수 있듯이, 지난 100년이 넘는 기간 동안 대형 참사는 꾸준히 이어지고 있다는 사실이다. 충격이다. 왜냐하면 위 통계는 역설적이게도 그동안 인류가 축구를 전쟁이 아닌 스포츠 영역에 두기 위해 기울인 각고의 노력 끝에 얻은 산물이기 때문이다. 사실 스포츠 역사상 가장 최악은 1918년 홍콩의 한 경마장에서 화재로 590명의 사망자를 낸 참사가 있으나, 오늘날 경마장에서 인명사고는 거의 찾아 볼 수 없다. 안전사고를 제외하고 오직 경기장 폭력에 의한 참사만 따지면, 축구는 단연코 유일하다. 1960년대 본격적으로 서포터가 경기장 내외에서 충돌하기 시작한 이래로 2015년 이집트까지 대형 참사는 끊이지 않고 있다. 중세 축구사에서 우리는 "영국 왕실에서는 몹 풋볼을 금지시키는 법이 500년 동안 무려 42번이나 있었으나 모두 실패했다"는 사실을 알고 있다. 현대에 '그린 가이드(1973년)'를 필두로 '테일러 보고서(1990년)'와 '피파 안전규정(2009년)'에 이르는 노력을 비웃기라도 하는 것처럼 경기장 폭력과 사고는 끊이지 않고 있다. 여기에 축구로 인해 발발한 전쟁 사례까지 생각하면 경악하지 않을 수 없다. 축구는 전쟁으로부터 비롯된 가장 원시적이고 무한한 폭발성이 잠재된 위험천만한 스포츠다.

❷ 도(度)를 넘어선 서포터, 훌리건(Hooligan)

　축구의 역사에는 '도를 넘어선 응원' 아니, 좀 더 정확하게 표현하면 '난동을 목표로 하는 서포터'가 있다. '훌리건Hooligan'으로 불리는 이들은 비교적 근래에 등장해, 앞서 언급한 대형 참사와도 깊이 관련돼 있다. 처음부터 훌리건이 등장한 것은 아니다. 현대적 의미의 서포터는 19세기에 경기 규칙이 정립되면서 축구 대중화를 이끌었던 영국의 노동자들이 대거 참여하면서 등장하기 시작했다. 회원 수는 크게 늘었는데, 연고 팀이 적다보니 경기에 뛰지 못하는 잉여선수들이 점점 증가했다. 시간이 지나면서 이들이 벤치를 점령하는 횟수가 점점 증가했지만, 여전히 '팬'보다는 '선수'로 인식하고 있었다. 잉여선수들의 지역연대감을 통한 '우리의식We-feeling'을 기반으로 고도의 집단성과 소속감을 가진 조직으로 발전한 게 서포터다. 그래서 잉글랜드에서는 태어나면서부터 팀이 결정돼 대代를 이어 충성한다. 팀과 서포터의 관계는 이미 태어나기 전에 결정된다고 생각한다. 따라서 '연고팀과의 일체화'를 통해 서포터는 자신이 팀을 대표한다는 자부심만큼은 선수에 절대 뒤지지 않는다. 결국 이들 서포터의 대부분은 팀과 함께 축구 순례자가 되지만, 소수의 훌리건은 대규모 참사를 선사한다. 훌리건은 '스포츠 경기 등에서 폭력을 휘두르는 관중이나 팬'을 지칭하는 용어로 잉글랜드가 고향이다. 다음은 훌리건의 경기장 폭력에 관한 연구 논문과 보고서의 내용을 재구성한 것으로 전체 흐름을 이해하는 데 도움이 될 것이다.

　1960년 이전까지 축구 경기에서는 상대 서포터와 큰 충돌은 없었다. 심판 판정에 대한 야유와 사소한 다툼이 고작이었다. 그러나 1961년 FA컵 준결승전에서 토튼햄을 상대로 홈팀 선더랜드 Sunderland의 관중들이 그라운드에 난입했고, 이후 급속히 확산되면서 심각한 사회문제로 대두됐다(테일러Taylor, 1982). '관중들에 의한 경기장 난입'은 축구사에 아주 중요한 의미를 갖는다. 현대 축구의 시작을 영국축구협회FA가 결성된 1863년으로 본다면, 이때부터 무려 100년이 지난 후의 일이었다. 왜 이렇게 오래 걸렸을까? 여기엔 중세 기독교와 몹 풋볼의 영향이 크게 작용했다. 중세 축구에서 교회를 골대로 사용했는데 한때 이를 금지한 건 바로 교권이 왕권보다 우월했기 때문에 가능했다. 신성한 교회가 위치한 '그라운드'도 '성역聖域'이나 다름없었다. 그 위에 있는 '잔디'는 바로 '교회의 정원'을 상징했기 때문에 아무나 접근할 수 없는 곳이었다. 한마디로 경기장은 선택된 플레이어들만이 들어갈 수 있는 신성한 장소로 인식된 것이다(모리스Morris, 1983). 이런 관점에서 '1961년의 경기장 난입'은 100년 동안이나 유지됐던 불문율을 깬 희대의 사건인 셈이다. 이후 관중들의 경기장 난입은 점점 심해져 경기장 폭력으로 이어졌고, 불손한 용도로 악용되기도 했다. 이를테면 응원하는 팀의 패배가 농후해지면 고의로 경기를 지연하거나 중지시키고, 나아가 무효 또는 연기시키기 위해 경기장으로 뛰어 들었다. 여기에 전혀 관련 없는 반사회적인 이슈도 담기 시작하면서 심각한 사회문제로 비화됐다. 이때부터 축구 경기장 폭력사태를 'Soccer Hooliganism', 난동자를 'Hooligan'으로 부르기 시작했다. 훌리건의 또 다른 계기는 1960년대 말부터 등장한 빡빡머리에 특이한 복장을 한 청소년 노동자 '스킨헤드Skinheads'에 의해서다. 이들은 전통적으로 골대 뒤의 '입석관람석Ends Terraces'을 차지하기 위해 입장과 동시에 거친 싸움을 벌이기 일쑤였다. 이 과정에서 상대 팀 경기장에서 난동을 부리거나 시설물을 부수는 등 폭력을 휘둘러댔다. 훌리건은 이로부터 비롯됐다고도 한다. 불과 100년 만에 축구 경기장은 언제 터질지 모르는 화약고가 돼버렸고, 여기에 불씨를 당긴 인종차별적 행위(테일러Taylor, 1982)가 더해지면서 비열한 습격(테러) 행위까지 동원함으로써 그야말로 '전쟁터'가 돼버렸다.

  1970년대에 들어 경기장 폭력문제는 더욱 심각해졌고, 더 이상 사태를 방관할 수 없는 지경에 이르렀다. 양 팀의 스탠드를 분리시켜 입장부터 접촉을 원천 봉쇄했고, 중간 완충지대도 설정했다. 입석 응원은 모두 좌석제로 전환했고, 경기장에서의 음주 금지는 물론 경기장 안팎에 이동 카메라 설치와 훌리건들을 체포하기 위한 전문 경찰팀을 대기시키는 등의 종합적인 대책이 마련됐다. 그러나 그 어떤 고무적인 성과도 얻지 못했다(캐롤Caroll, 1980). 사실이다. 결국 1980년대의 축구경기는 경기장의 안팎에서 크고 작은 난동과 폭동으로 점철되기 시작했다. 특히, 앞서 소개한 1985년 벨기에 헤이젤에서 리버풀의 훌리건들이 계획적으로 유벤투스 울트라와 관중을 향해 무차별적 폭력을 휘둘러 유럽 축구 역사상 최대의 폭력사고를 촉발시켰다. 이 사건으로 세계 훌리건들은 점점 진화를 시작해 '영국병'이란 별명을 달고 유럽 전역에 유행처럼 번졌다. 그 결과 훌리건은 보다 지능적이고, 조직적이며 가히 로마군처럼 전략적인 수준에 도달하게 됐다. 선두에는 덩치 작은 훌리건(경보병)이

돌을 던져 상대 진영을 와해시키는데 간혹 새총으로 숨어서 원거리 사격(포병)을 했다. 이어 쇠파이프나 몽둥이를 든 건장한 본대(중보병)가 등장하고, 일부는 칼도 준비한다. 제일 뒤에는 나이가 많거나 여성 훌리건들이 장비나 물자를 나르고, 부상자를 후송한다. 이들은 과거 영상자료를 보면서 계획을 구체화하고, 두 팀으로 나눠 예행연습을 통해 세부 역할과 임무를 구체화하거나 조정할 정도로 치밀하다. 이 정도면 로마군단에 필적할 만하다.[55]

> 55) 로마군단은 3열 황대 대형으로 선두에 경보병 Hastati, 두 번째 열에 중보병 Principe을 두고 마지막엔 예비대Triarii로 편성했고, 측면엔 기병을 두고 후방엔 포병(투석기)을 운용했다. 자세한 내용은 뒤에서 자세하게 소개하겠다.

앞서 소개한 축구 강국에도 크고 작은 훌리건이 있다. 일부에선 이들을 원정에서 승리하고 돌아온 개선 군처럼 자랑스럽게 여기고, 당시 상황을 마치 무용담처럼 읊어대기도 한다. 대부분의 축구팬들은 난동과 폭력이 잠재된 경기장에서 자신이 그 희생자가 되리란 생각은 추호도 하지 못한 채 축구 경기에 중독된다.

❸ 조용하고 질서정연하지만 열정적인 서포터, 롤리건(Rolligan)

세계의 서포터에는 훌리건만 있는 건 아니다. 한때 잉글랜드를 무력으로 지배하면서 조상들의 두개골까지 헌납했던 덴마크의 사례다. 헤이젤 참사가 있었던 바로 다음해인 1986년에 덴마크 축구팬들은 훌리건의 무차별적 폭력에 반대하는 단체 '롤리건Rolligan'을 조직했다. '조용하고 질서정연하다'는 의미의 덴마크어 '롤리그Rollig'와 '훌리건Hooligan'을 합쳐서 만든 용어다. 이들은 바이킹의 상징인 '뿔 달린 투구'와 '방패'를 들고, 화려한 '페이스페인팅Face

덴마크의 롤리건의 서포팅 장면

Painting'을 즐겨 한다. 그러나 무엇보다도 '열정적이면서 질서정연한 응원'으로 명성이 높다. 신사적이라 해서 롤리건의 서포팅이 단조롭고 조용하기만 한 것은 아니다. 가끔씩 광적인 응원도 보여주지만 동시에 절대 이성을 잃지 않는다는 원칙을 고수한다. 덴마크의 롤리건은 훌리건으로 골머리를 썩고 있는 세계 여러 나라의 찬사를 받았고, 1985년에는 유네스코로부터 '페어플레이상'을 받아 더욱 유명해졌다. '폭력 없는 축구'를 지향하는 이들의 규약은 아주 간단하다. 언제 어디서든 국가가 연주되면 따라 불러야 하고, 상대 국가에 대해서도 예의를 갖추는 게 전부다. 독특한 건, 맥주를 지칭하는 국가별 단어를 10개 이상 알아야만 입회 가능하다는 것이다. 이들은 대표팀과 함께 세계를 돌며 응원하는 서포터이자 홍보대사다.

2002년 '붉은악마'의 서포팅과 대규모 거리응원은 축구 선진국들은 물론이고 전 세계인들을 깜짝 놀라게 한 전대미문前代未聞의 사건이었다. 더 놀라운 건 그렇게 많은 인원이 참여했음에도 불구하고, 불미스런 사고가 없었다는 점은 놀랍다. 필자도 실제 2,331만 명 중 한 사람으로 현장에서 뜨거운 열정과 감동의 순간을 함께 했기에 그 느낌은 잘 안다. 서울광장을 가득 메운 거리 응원단은 저마다 준비한 의상과 각종 응원도구를 들고 밤새워 응원했다. 무슨 정신으로 그 속에 있었는지 모를 정도지만, 오랜 세월이 흐른 지난 지금도 여전히 싫증나지 않는 감동과 벅찬 희열이 느껴진다. 많이 모였다는 것보다 중요한 건 밤늦도록 함께했던 자리를 떠나기 전에 남녀노소 누구랄 것도 없이 오물을 수거하고, 분리수거까지 했다. 붉은악마가 롤리건임을 확인시켜 주는 증거다. 반면 음주, 고성방가, 욕설, 오물투척, 패싸움, 퇴폐행위가 곳곳에서 자행됐다. 자칫 훌리건이 될 수 있는 잠재된 욕망이다. 오늘날 우리는 아직 훌리건이나 경기장 폭력과는 거리가 있어 보여 다행이다. 그러나 붉은 물결 속에 정말 악마가 도사리고 있는 건 아닌지 한번쯤 둘러봐야 한다. 붉은악마는 "비非폭력, 비非정치, 비非영리'의 창단 정신을 고수해 롤리건으로 남았으면 한다.

5 전장에서 태어난 서포터(Supporter)

스포츠나 전쟁에서 공통적으로 매우 중요한 의미를 부여하는 그림이 있다. 고대와 중세에 가장 인기 있었던 스포츠 경기 장면을 그린 것인데 축구로만 그 범위를 한정시키지 않는다면, 서포터의 뿌리를 짐작케 하는 단초를 발견할 수 있다.

❶ 중세 토너먼트(Tournament)

고대에는 '중무장한 보병'에 의한 밀집전투가 대세였다면, 중세에는 '말 탄 기사'에 의한 기마전투가 전장의 승패를 갈랐다. 중세 봉건영주에게 보병보다 몇 십 배의 전투력을 발휘하는 기사는 절대 필요했지만, 30kg이 넘는 전신 갑주를 입고 건장한 말을 타야 하는 용병기사는 막대한 비용[56] 때문에 엄청난 부담이었다. 따라서 영세한 영주들은 군사력 사용 범위를 최소한으로 축소하는 '제한전쟁Limited War' 방식을 채택할 수밖에 없었다. 이러다 보니, 몸값이 비싼 기사들은 전투에 지더라도 가능한 죽이지 않고 생포해 이후 협상에서 몸값을 받고 풀어 주는 게 관례가 될 정도였다. 뿐만 아니라, 전장에서도 불필요한 손실을 막기 위해 일대일의 결투Dual가 전투를 대신하기도 했다. 그럼

[56] 기사에게는 최소 세 마리의 말이 필요했다. 전쟁터까지 이동하고, 물자를 수송하거나 전투용 말을 구분해서 사용했다. 갑주까지 포함해 최소 100kg 이상의 기사를 태우고 자유자재로 움직이기 위해서는 말은 필연적으로 건장해야 했다. 그래서 유럽에는 안달루시아, 슈투트가르트 등 기사에게 제공하는 말을 전문적으로 사육하는 도시가 많았다.

에도 불구하고, 전시를 대비해야 하는 기사의 훈련은 중단할 수 없었다. 중세 군사훈련으로써 가벼운 부상조차도 허용하지 않는 전투 스포츠 '토너먼트Tournament'가 등장한 배경이다. 현대 스포츠에서 '승자만 진출하는 경기진행 방식57)'도 여기서 나왔다.

중세 유럽의 전 지역에서 폭발적인 인기를 누렸던 토너먼트는 비싼 몸값의 기사 손실을 막기 위해 고안된 스포츠 경기였다. 동시에 전시 대비 태세를 점검하고 전투에 필요한 기술과 체력을 연마하는 군사훈련이기도 했다. 토너먼트에는 여러 종목이 있었다. 전신 갑옷을 입고, 투구를 쓴 두 기사가 말을 타고 긴 창Lance으로 상대를 말에서 떨어뜨리는 것으로 승부를 가리는 일대일 경기와 기사들이 집단으로 싸우되, 말을 타고 하거나 땅에서 하는 경기로 구분해 진행됐다. 서포터에 대한 첫 단서는 여기에 숨어 있다.

경기장 정면 중앙에는 예외 없이 말과 기사의 거친 숨소리를 들을 수 있는 특별 손님을 위한 관중석이 마련돼 있는데, 오늘날의 VIP석인 셈이다. 여기엔 기사들의 결투를 지켜보며 손수건이나 부채 또는 기사의 문장이 새겨진 화려한 깃발을 흔들며 수다를 떠는 한 무리의 여성들을 볼 수 있다. 귀족 또는 왕족으로 경기를 마치면 우승한 기사에게 꽃(장미)이나 화관花冠을 수여하는 시상자로 초청된 귀빈이다. 그녀들은 좋아하는 기사의 열렬한 팬이자 스폰서였고, 간혹 애인으로 미래를 함께 할 수도 있었다. 이 정도면, 중세 토너먼트에 출전한 기사를 응원하고 후원하는 영주, 귀족, 재력가 또는 귀

---

57) 월드컵 본선 경기는 조별 리그의 성적으로 16강을 가리고, 8강부터는 토너먼트 방식으로 본선을 치르게 된다. 따라서 결승에 진출할 경우 조별 리그로 3경기와 토너먼트로 4경기를 해야 한다.

중세 기사들의 토너먼트
뒤에 보이는 귀부인들은 가장 경기를 잘 볼 수 있는 특별석에 앉았다.

부인들을 현대 서포터의 뿌리로 봐도 크게 무리가 없어 보인다.

❷ 고대 검투경기(Gladiator Fight)

중세 토너먼트만큼이나 인기 있는 고대 스포츠가 있었다. 로마의 '검투경기Gladiator Fight'가 그것이다. 그리스를 계승한 로마는 스포츠를 통해 대제국 건설에 필요한 양질의 전사와 군대를 양성하려 했다. 이런 실전적 전투스포츠는 후기에 접어들어 '검투사(글라디아토르Gladiator[58])'의

---

58) 제2차 포에니 전쟁 중에 스키피오 아프리카누스 장군이 히스파냐를 점령했을 당시 원주민들이 사용했던 칼인 '글라디우스Gladius'를 로마군의 검으로 채택했는데 '글라디우스를 사용하는 사람'을 의미했다. 따라서 검투사는 '글라디우스를 쓰는 전사'를 말한다. 60㎝ 남짓한 양날의 단검인 글라디우스는 로마 군단과 함께 제국 건설의 선봉에 섰고, 그 결과 전쟁의 역사 가운데 가장 많은 살상 기록을 갖고 있다.

등장과 함께 '관중 스포츠'로 전락하고 말았다. 검투사들의 생명을 건 결투는 이 시기 최대의 스포츠 이벤트였다. 기원전 4세기 그리스 에트루리아Etruria에서 시작해 기원전 2세기에 원형경기장이 세워지면서 확산됐다. 처음엔 제사경기인 올림픽처럼 전사자를 추모하기 위해 개최됐으나, 점차 추도 목적보다는 단순 볼거리로 통치 수단[59]이 되기도 했다. 그러다 보니 역대 황제들은 로마 시민들을 위한다는 명분 아래 선대 황제와 경쟁적으로 검투경기에 집착했다. 그 결과 1년 중 무려 100일 이상, 하루 5~6만 명이 관람했다는 기록이 있을 정도가 됐다. 이와 병행해 검투경기의 다양한 재미와 극적 효과를 극대화하기 위해 많은 투자를 아끼지 않았다. 특히, 베스파시아누스Titus Flavius Vespasianus 황제는 폭군정치를 일소一掃하기 위해 네로Nero가 약탈한 재물로 지은 '황금의 궁전' 자리에 시민을 위한 '콜로세움Colosseum'을 세웠다. 40도가 넘는 한 여름의 따갑고 눈부신 햇빛과 비바람을 막기 위해 '관람석Cavea'에 '차양막Velarium'도 설치했다. 경기의 재미와 신비를 극대화하기 위해 지하에 도르레를 설치해 검투사와 맹수들이 경기장으로 직접 올라오는 '엘리베이터Hypogeum'도 28개나 만들었다. 경기장 바닥은 희생자들의 피를 흡수하기 위해 모래를 깔았고, 이 모래는 매일 새 것으로 교체해 맹수나 검투사들이 흘리는 피를 선명하게 볼 수 있도록 했다. 오늘날 세계적으로 유명한 경기장에 붙이는 '아레나Arena'는 당시 경기장 바닥에 깔았던 모래 '하레나Harena'에서 유래했다. 뿐만 아니라. 수도교를 이용해 물을 끌어

---

[59] 그리스 시대에는 모두가 참여하는 스포츠였다면, 로마에서는 스포츠가 정치적 목적에 이용되면서 오락지향적인 관람형 스포츠로 변화했다고 볼 수 있다.

들여 배를 띄우고, 최대 2만 명이 참가하는 상상을 초월한 모의해전 '나우마키아Naumachia'를 선보이기도 했다. 스포츠 이벤트의 끝판 왕이었다.

검투경기가 있을 때면, 로마의 시민들은 무료로 초대돼 최신식 시설과 편의를 제공받는 가운데 황제가 공짜로 나눠주는 빵과 포도주를 먹으며, 피의 향연을 즐겼다. 로마 사상 최대 이벤트를 기획했던 황제들은 자주 경기장에 모습을 나타내 '로마의 정점'에 있음을 알리고, 시민과 직접 소통했다. "빵과 서커스"라는 비판처럼 보는 스포츠가 실전에 필요한 전투 기술을 습득해 줄 수 없다. 그러나 유사시 참전해야 할 전투의 피 튀기는 실상을 직접 눈으로 보는 동시에 전법을 간접 경험하고, 정신무장의 효과60)까지 부정할 수는 없다.

60) 예를 들어, 스타 검투사들은 로마의 주적主敵이나 신화에 등장하는 영웅의 이름을 사용하고 그들과 유사한 복장을 입고 참가했는데 나름의 이유가 있었다. 적국 장수와의 결투를 통해 승리한 로마전쟁을 재현하고, 위대한 로마신화를 일깨워 주려 했던 것이다.

검투사들의 대부분은 전쟁 포로나 노예, 범죄자로 구성됐다. 결투에 나가 승률을 쌓으면서 인기를 얻었고, 이들의 몸값은 천정부지로 치솟았다. 시민들은 자신이 응원하는 검투사가 죽지 않고 승리하기를 원했고, 인기 있는 검투사는 많은 관중들의 열렬한 응원과 지지를 받으며 상대와 죽을 때까지 싸웠다. 패배한 검투사를 밟고 양 팔을 벌린 승자 위로 관중들의 환호와 박수가 무수한 꽃송이와 함께 쏟아져 내렸다. 로마의 장군이나 신화에 등장하는 영웅의 이름을 사용하는 인기 있는 몇몇 검투사들을 열렬히 응원하는 열성 팬이 생기는 건 어찌 보면 당연하다.

고대 로마의 검투경기

물론 더 거슬러 올라가 고대 그리스 도시국가에서 2년 또는 4년마다 열리는 올림픽 같은 제전경기에도 그 흔적을 찾아볼 수 있다. 여기서는 굳이 이를 언급하진 않으려 한다. 그러나 이미 고대부터 전쟁에 대비하기 위해 평소 군사훈련의 일환으로 고안된 스포츠가 국가 정책으로 적극 권장되고 최고의 인기를 누렸던 빅 이벤트였음은 틀림없다. 이에 죽지 않는 전쟁, 스포츠에서 승리를 응원하는 건 직접 경기에 참가하는 다음으로 중대한 일이었다. 12번째 선수로 함께 뛰는 서포터의 살벌한 몸부림 역시 전쟁과 무관하지 않다.

HOMO WARRIORS

1 전쟁에서 벤치마킹한 축구상징

2 축구 엠블럼 전쟁
    ① 최초의 엠블럼
    ② 잉글랜드의 삼사자
    ③ 독일의 독수리
    ④ 스페인
    ⑤ 프랑스의 수탉
    ⑥ 이탈리아
    ⑦ 일본의 삼족오
    ⑧ 대한민국의 백호

3 축구 마케팅 전쟁

4 상징성의 끝판 왕, 축구

5

축구상징 전쟁

비교적 많은 지면에 축구의 기원에서부터 더비와 서포터의 진화 과정을 살펴, 전쟁과 공진화한 축구의 전체巨視的 흐름을 파악했다. 아직 부족하다. 지금까지는 축구에 나타난 전쟁의 거시적 속성을 따져봤다면, 이제부터는 축구의 다양한 디테일에 숨어 있는 또 다른 전쟁의 모습을 찾아볼 것이다. 관련 내용은 많지만, 지면 관계상 일부 생략했음을 미리 밝혀 둔다.

우리가 사는 오늘은 수많은 기호와 상징들로 가득하다. 축구도 예외는 아니다. 경기장은 온통 각양각색의 문양이나 슬로건이 들어간 상징으로 넘쳐난다. 경기장 입구에서부터 홈 팀을 알 수 있는 상징물과 문양이 걸려 있고, 그라운드에선 선수들이 자신의 소속팀을 대변하는 문양과 색깔로 채워진 유니폼을 입고 싸우며, 스탠드에선 같은 유니폼을 입은 서포터들이 각종 깃발과 마스코트, 도구를 흔들며 열광적인 응원전을 펼친다. 상대를 조롱하는 유치한 풍자화부터 엄숙한 국가나 목이 터지도록 외치는 응원가와 구호까지 모든 게 하나를 가리키고 있다. 축구 전쟁은 생존(수호)과 승리다! 경기장 밖에서 이윤을 추구하는 기업도 다르지 않다. 후원사들도 유니폼 한 쪽에 자리를 잡고 선수와 함께 뛰며 운명을 함께 한다. 심지어 음료나 TV 등 축구와 관련된 심지어 전혀 관련 없어 보이는 모든 것이 전쟁의 소용돌이로 빨려들어 간다.

축구 경기 중에 볼 수 있는 다양한 상징도 전쟁에서 유래했다고 주장한다면 독자들은 믿을 수 있을까? '상징象徵; Symbol'이란 한마디로 어떤 사물이나 현상을 친근한 다른 영역의 사례에 연상시켜 표현하는 방법이다. 상징은 상대방에게 복잡한 것을 심플하게 전달해 오래 기억에 남기기 때문에 과거부터 많은 분야에서 활용됐다. 우리가 일상에서 수없이 마주하는 엠블럼·브랜드·마크·로고 등은 시각적 상징의 하나인 문장紋章의 후손이다. 이 가운데 스포츠에서 주로 사용하는 것을 엠블럼Emblem이라 하고, 특히 유니폼에는 엠블럼과 함께 후원사의 상업 로고Logo도 함께 볼 수 있다. 인류가 지금으로부터 약 1만 7천 년 전에, 글자가 없던 시절 벽에 그린 그림이 어떻게 축구장까지 전파됐는지를 모두 언급하기엔 부족하다. 여기선 다양한 축구 상징 가운데 국가대표의 엠블럼과 유니폼을 중심으로 살펴 숨겨진 전투성을 파헤쳐 보고자 한다.

1 전쟁에서 벤치마킹한 축구상징

축구 선수들이 입는 옷을 특별히 유니폼이라 한다. 복식의 한 형태로 '유니폼Uniform'은 '하나'를 뜻하는 '우누스Unus'와 '형태'를 뜻하는 '포르마Forma'가 합쳐진 용어다. '일정한 기준에 의해 정해진 양식을 갖춘 복식'으로 한때 일본식 표현 '제복制服'으로 부르기도 했다. 자유복과는 달리 목적하는 바에 따라 특정한 형태와 필요한 장식裝飾이나 기능을 구비한다. 군인이 입는 옷도 유니폼Military Uniform이라 한다. 그래서인지 둘은 많이 닮았다.

패션이나 디자인의 주요 기능은 입는 사람을 대변하는 것이다. 이를 '개성' 또는 '정체성'이라 하고, 때론 다른 사람과는 뭔가 다른 '차별성'과도 같은 말이다. 일종의 '구별 짓기'인 셈이다. 엉뚱하지만, 이를 군사용어로 바꾸면 아마 '피아식별IFF; Identification Friend and Foe' 정도가 될 것이다. 상대가 있는 스포츠나 전쟁에서 피아가 구분되도록 복식을 갖추는 것은 기본 중의 기본이다. 여기에 여러 의미가 추가된다. 이를테면, 나에겐 적의 어떤 공격으로부터도 자신을 보호해 준다는 '수호守護'를, 적에겐 보기만 해도 '공포와 전율'을 그리고 입은 사람의 멋을 표현하는 '과시'도 필요하다. 이 모든 것이 현대 스포츠 특히 축구가 전쟁의 복식에서 전수받은 노하우다. 축구 선수의 모습을 잘 들여다보면 전쟁이 보인다.

사실 축구선수 복장이래야 별개 없다. 땀 흡수가 잘되는 특수 재질의 상하의에 스타킹, 그리고 정강이를 보호할 수 있는 가드와 징(스터드Stud)이 박힌 축구화가 전부다. 이 모습에서 전사를 찾는 건 우물가에서 찾는 숭늉일지도 모른다. 그러나 뭐 눈엔 뭐만 보인다고 했던가? 고대 그리스의 중장보병을 '호프라이트Hoplite'라 하는데, 그 모습을 개관하면 이렇다. 우선 상대에게 던지고 찌를 수 있는 창Dory과 단검Xiphos을 무기로 쓰고, 신체를 보호하는 다양한 용도의 방호장비를 착용했다. 머리를 보호하는 투구Kranos를 쓰고, 가슴과 몸통은 천(린넨Linen)을 여러 겹 덧대거나 청동으로 만든 흉

현대 축구 국가대표 선수(왼쪽)와 고대 그리스 중장보병(오른쪽)의 모습

갑Thorax을 착용했다. 아울러 가슴으로부터 무릎까지를 커버할 수 있는 직경 1미터의 둥근 방패 호프론Hoplon을 왼손에 들어 심장을 보호했다. 방패 밑으로 노출된 무릎 아래는 청동으로 만든 '정강이보호대Knemides'를 착용했다. 창과 방패를 들어 적을 향해 웅크리면 마치 고슴도치처럼 허점이 없었다. 이런 무장을 갖춘 전사들이 집단으로 움직이면 그 누구도 멈출 수 없는 당대 최고의 전투대형이 된다.

그림만 봐선 무엇이 닮았다는 것인지 이해되지 않을 수도 있다. 여기서 정확하게 일치하는 게 있다. 정강이보호대와 신발이다. 정강이를 보호하는 크네미데스Knemides와 쉰가드Shin Guard는 말할 것도 없고, 잔디 위에서 미끄러지지 않고 달려 강력한 슈팅을 날릴 수 있는 축구화는 그리스군의 샌들 '버스킨Buskin'을 계승한 로마군의 '칼리가에Caligae'를 떠올리지 않을 수 없다. 비밀은 그들의 싸움 방식에 숨겨져 있다. 로마군은 먼저 사각의 방패 스쿠툼Scutum으로 적을 밀어 균형을 무너뜨린 후에 창이나 단검을 사용해 적의 숨통을 끊었다. 이를 위해선 어떤 지형에서도 절대 밀리지 않아야 했고, 이런 필요에 따라 샌들의 바닥에 징을 박아 넣었다. 현대 전투화나 축구화의 조상인 셈이다. 창과 방패에 대한 설명은 좀 어렵다. 손을 사용하지 않는 축구에서 창은 축구화를 신은 발에 해당된다. 게다가 축구에선 당연히 투구나 방패는 아예 찾아볼 수 없으나, 다만 방패는 유니폼애 그 흔적을 남겼다. 비록 적의 창을 막아 내는 물리적 기능은 없지만, 적으로부터 자신을 보호하고 승리를 염원하는 심리적 방패는 엠블럼에 남아 있다. 그것도 심장을 보호하는 왼쪽 가슴 위에 말이다. 고대 그리스 전사들이 그랬던 것처럼 엠블럼에 수호와 승전의 의미는 물론이고, 국가와 민족의 전통과 혼까지 담아내 방패에 그려진 고대 전문장前紋章[61])에 필적할 만하다. 유니폼의 색은 또 어떤가? 대개는 저마다 나라를 상징하는 국기(예, 스코틀랜드 푸른색)나 국장(예, 스페인 붉은색) 또는 왕가(예, 네덜란드 오렌지색)

61) 하마모토 다카시Hamamoto Takasi는 저서 〈문장으로 보는 유럽사(2004)〉에서 학술적으로 정의된 문장의 시작을 상속이 가능했던 중세 기사들의 문장으로 정의하고, 이전의 문장을 '전문장'으로 정의한 바 있다. 상속만 빼면, 고대나 중세 문장의 역할과 기능은 유사했다.

에서 가져와 예사롭지 않다. 유니폼이 전투복이라면, 군인들의 예복이나 정복에 해당하는 정장 스타일의 '단복Group Suit' 역시 국가대표와 함께 하기 때문에 절대 소홀할 수 없다. 뿐만 아니라, 대표팀을 후원하는 기업 스폰서 역시 사활을 건다. 유니폼의 경우는 몇몇 세계적인 글로벌 기업으로 갈리지만, 단복은 소수를 제외하면 대개는 자국 브랜드 제품을 입는다. 여기에 대회 공식 후원사나 방송사 등 여러 이해 관계자가 가세하면 전쟁의 범위와 그 치열도는 가히 상상을 초월한다. 전 세계인의 스포츠 축구는 선수만 하는 게 아니라, 이들 모두가 함께 뛰는 거다.

이런 디테일이 전쟁에서 그것도 이미 고대부터 적극 사용됐다는 건 사실 충격이 아닐 수 없다. 축구는 적의 공격을 막고 살상하는 핵심인 손의 사용을 금지하고, 특별한 장비 없이 거의 맨몸으로 하는 경기다 보니, 전쟁과 쉽게 연결되지 않을 수도 있다. 이해를 돕기 위해 축구와 형제인 럭비(미식축구)나 아이스하키를 살펴보면 느낌이 다를 것이다.

2 축구 엠블럼 전쟁

축구의 여러 상징 가운데 국가대표팀의 엠블럼과 유니폼이 단연 으뜸이다. 세계에서 처음 등장한 축구 엠블럼을 비롯해 일찍이 문장이 발달한 유럽 축구 강국들의 사례를 살펴 그 본질을 이해하고, 일본과 우리의 엠블럼도 비교해 본다.

❶ 최초의 엠블럼

축구에서 처음 엠블럼을 사용한 사례는 가장 먼저 만든 축구클럽을 찾으면 된다. 19세기 초기, 잉글랜드 축구에는 사립학교와 도시를 주축으로 하는 두 흐름이 공존하고 있었다. 이 가운데 도시 연맹의 주축은 철강 산업이 발달한 세필드가 중심에 있었다. 세필드에는 잉글랜드 축구협회 출범(1863년) 전인 1857년에 창단된 '세필드 축구클럽Sheffield Football Club(줄여서 Sheffield FC)'이 이미 활동하고 있었다. 세계 최초의 엠블럼을 가진 축구 클럽이었다. 중앙의 방패와 좌우에 축구공을 든 선수를 서포터Supporter[62]로 활용해 방패를 지지한다. 전체적인 이미지는 중세 문장 스타일을 닮았다. 초기에는 세필드 시의 문장에서 방패를 가져다 좌우에서 크리켓 선수와 축구 선수(당시 세필드엔 두 종목의 클럽이 있었다)가 들고 있는 모

---

[62] 응원단을 의미하는 서포터와 스펠링은 같으나 전혀 다른 의미다. 완전문장에서 방패 좌우에서 위치한 동물이나 사람으로, 방패와 방패에 새겨진 주主문양을 호위하는 마치 근위병 같은 역할이다.

습을 하고 있었지만, 이후 축구가 독립하면서 지금의 모습으로 변화됐다. 방패의 네 구획을 나누어 유니폼과 같은 색인 검정과 붉은 색으로 대각선으로 채우고, 중앙에 가로로 클럽 이름 'SHEFFIELD F.C.'를 새겼다. 그 위와 아래에는 각각 클럽 창단연도('1857')와 '축구공'을 그려 넣었다. 방패의 좌우 서포터는 축구선수만 세웠고, 아래에는 세계 최초의 축구클럽('THE WORLD'S FIRST FOOTBALL CLUB') 문구를 추가해 방패와 서포터를 떠받치게 했다. 오늘날 세계의 축구 국가대표는 물론 모든 프로와 아마추어 축구팀에 심지어 동아리도 가지고 있는 엠블럼은 세필드FC가 최초다.

❷ 잉글랜드의 삼사자

잉글랜드는 사자의 나라다. 선수들의 가슴엔 리처드Richard the lionheart 왕의 문장이자 국장인 사자 세 마리가 새겨져 있다. 국장과 엠블럼의 색은 좀 다르다. 국장엔 붉은 방패에 파란 입과 발톱을 가진 노란 사자지만, 엠블럼엔 하얀 방패에 붉은 발톱과 입을 가진 푸른 사자로 완전히 다르다. 여기에 전체 행정구역인 9개 주와 왕실을 대표하는 의미로 국화인 '튜더장미Tudor Rose' 열 송이가 여백 사이사이에 있다. 튜더장미는 하얀 장미를 붉은 장미가 감싸고 있는 형상인데, 이는 잉글랜드 왕위계승 전쟁에 참가한 랭카스터

63) 복식의 역사에서는 장미 전쟁을 근대적인 군복의 시초로 본다.

64) 영어로는 성 조지 St. George로 부르며, 터키 일대에서 사람들을 괴롭히던 용을 퇴치해 기독교로 개종한 성인이다. 로마제국의 군인으로 황제의 근위대장까지 진급하지만 기독교도임이 밝혀져 순교한다. 용을 무찌른 백마와 붉은 창은 후일 잉글랜드 국기의 모티프가 됐다.

가문(붉은 장미)과 요크 가문(하얀 장미)의 문장을 합친 것이다. 군복이 없던 시기에 평상복에 서로의 상징을 가슴에 달아 피아식별의 상징으로 활용63)했고, 전후에는 두 가문이 결혼을 통해 새로운 튜더왕조를 이어 갔기 때문에 두 색의 조합이 허용된 것이다. 사자와 장미는 이미 중세부터 기사와 그의 무용武勇을 칭송하는 승리의 상징으로 깊이 관련돼 있다. 이 이미지는 축구협회도 함께 사용하지만, 축구팀은 'ENGLAND'를, 축구협회는 'THE FA'를 방패 위에 올려 구분하고 있다. 2018년 월드컵에선 이것 대신 1966년 우승을 기념하는 별을 그려 넣었다. 유니폼은 전통적으로 엠블럼을 구성하는 청·적·백색을 모두 사용하는데, 어깨나 팬츠 등 유니폼 한 부분에 반드시 수호성인인 '게오르기우스Georgius의 십자가(잉글랜드 국기의 붉은 십자가64))'를 포함하는 게 전통이다. 2018년 월드컵에는 유니폼 앞면에 십자가를 크게 디자인해 부각시켰는데 매우 이례적이다.

❸ 독일의 독수리

잉글랜드에 사자가 있다면, 독일엔 독수리가 있다. 신성로마제국을 계승하는 의미로 사용한 이래 국장이 되었다. 대표팀도 국장을 엠블럼으로 사용하지만, 흑·적·금색을 모두 사용하는 국장과는 달리 엠블럼의 독수리는 검다. 3개의 동심원이 있는데, 가장 안쪽은 '독수리'를 감싸고, 두 번째엔 '독일 축구협회 Deutscher Fuβball-Bund'를 새겼으며, 가장 바깥에는 국기를 구성한 삼색을 추가해 상징성을 강화했다. 사실 독일 국기는 1813년 나폴레옹의 프랑스군에 맞서 자원한 프러시아 의용군(뤼르쵸프 자유군단)의 군복65)에서 유래했다. 외세에 맞선 저항과 독립정신을 의미하는 상징으로 통일 독일을 완성한 빌헬름 1세와 바이마르 공화국이 계승하면서 국장에도 사용됐다. 이후 독일군은 전통적으로 이 삼색 군복을 즐겨 입었는데 결코 우연이 아니다. 엠블럼의 가장 위쪽 원의 바깥에는 역대 월드컵 우승을 기념하는 별 4개를 새겨 넣었다. 유니폼은 흰색 상의에 검은 하의를 조합한 단순한 디자인을 사용하고 있는데, 2018년 월드컵에선 가슴에 지난 브라질 대회의 우승국이자 디펜딩 챔피언의 자격으로 참가국 가운데 유일하게 '피파컵' 문양을 추가했다.

> 65) 붉은 깃과 금색 단추가 달린 검은 군복으로 흑·적·금색의 국기와 같은 색이다.

❹ 스페인

2010년 남아공 월드컵 우승국으로 2008년부터 2012년까지 세계 정상에 있었던 스페인의 엠블럼은 복잡하다. 통상 유럽의 엠블럼은 문장처럼 일단 정해지면 그리 자주 바꾸지 않는 것이 나름의 전통인데 스페인은 그렇지 않다. 초기엔  사자가, 군부시절엔 독수리 그리고 현재의 국장 스타일까지 굴곡진 역사를 짐작케 한다. 1981년 채택된 국장이 오늘날 대표팀과 축구협회의 엠블럼으로 사용된다. 처음엔 아예 국장을 엠블럼으로 썼지만, 2007년엔 국장을 둘러싼 바탕을 검정으로 채우고, 축구공, 협회 리본, 창립년도를 추가했다. 월드컵 우승 후엔 별도 추가했다. 2013년에는 국기를 구성하는 적색 바탕에 문양은 심황색으로 통일했다. 2018년 월드컵에서도 이 색을 적극 반영해 붉은 상의에 심황색의 엠블럼을 새긴 유니폼을 입는다. 참고로 국장은 과거 이슬람으로부터 독립과 통일을 이룰 당시 다섯 왕국⁶⁶⁾의 문장과 통일왕조인 부르봉 가문의 백합을 조합하고, 양쪽엔 신화에 등장하는 헤라클레스 기둥과 스페인 국왕의 왕관으로 구성해 독립과 통일, 미래의 염원 등을 표현했다.

---

66) 카스티야(성), 레온(사자), 아라곤(적색 세로줄), 나르바(황금색 쇠줄), 그라나다(석류꽃)

❺ 프랑스의 수탉

프랑스도 꽤나 복잡하다. 고대부터 수탉이 있었고, 5세기 강대한 프랑크 왕국을 이끈 클로비스Clovis에 의해 상징화된 백합은 왕실 문장이 됐다. 나폴레옹 집권 당시엔 독수리를 사용했고, 혁명 이후에는 민중을 자유로 이끈 마리안Marianne 이미지를 사용하고 있다. 수탉le Coq 기원전에는 조상인 골Gaul족이 거주했던 갈리아가 수탉Gallus과 발음이 비슷해 상징으로 사용하기 시작했다. 성경에 악과 어둠을 물리치는 신성한 이미지와 함께 프랑스 혁명군이 썼던 '프리기아 모자Bonnet Phrigyen'가 비슷한 이미지를 닮아 저항의 상징이 됐다. 1차 세계대전 중에는 독수리에 맞서는 용맹한 새라는 의미로 부대 마크로도 활용된 바 있다. 게다가 유럽에 많은 삼색기의 원조 격인 지유·평등·박애를 상징하는 청-백-적색의 의미는 더 특별하다. 프랑스 혁명 당시 국민군Garde Nationale에게 지급된 수탉 모양의 프리기아 모자에 달린 휘장에서 유래했다. 사실 이 모자는 터키가 고향이고, 고대 로마에 대항해 반란을 일으킨 노예들이 착용한 것이다. 대표팀의 엠블럼은 용맹한 수탉 이미지에 혁명정신을 반영하는 삼색을 활용해 상징성을 극대화시켰다. 독특한 육각형의 파란 방패 위에 붉은 볏과 턱 주름을 가진 용맹한 하얀 수탉이 울

부짖는 이미지다. 방패의 가장 위쪽엔 1978년 월드컵 우승을 기념 하는 별을 새겼다. 유니폼도 스타킹을 포함해 전통의 삼색으로 구성하는데, 2018년 월드컵에선 붉은 색은 제외했다. 2014년 월드컵 본선에 오른 32개국 가운데 가장 매력적인 유니폼에 뽑히기도 했다.

❻ 이탈리아

이탈리아도 삼색기를 국기로 사용한다. 유럽에선 독일과 함께 월드컵을 네 번 들어 올린 강국이지만, 아쉽게도 2018년 월드컵 본선에서는 볼 수 없다. 대표팀 엠블럼은 국장을 모티프로 하는 다른 사례와 달리 국기를 사용한다. 이탈리아 국기는 나폴레옹군에 의해 전파된 삼색기를 원용해 녹(국토)-백(평화와 정의)-적(애국자의 희생)의 삼색을 사용한다. 방패의 바탕을 채운 푸른색을 의미하는 '아주리Azuri'는 이탈리아 통일을 이끈 사보이Savoy 왕가의 색으로 대표팀의 별명이자 유니폼의 색이다. 대표팀과 협회는 같은 엠블럼을 사용하는데, 푸른 오각형 방패에 국기를 깔고, 그 위에 축구협회Federazione Italiana Giuoco Calcio의 약자 'FIGC'를 새긴 축구공과 월드컵 우승을 기념한 별 4개를 추가했다. 국기 위로 방패 상단에는 영어 대문자로 'ITALIA'를 전체 엠블럼의 타이틀로 사용했다. 최근 변경된 엠블럼은 오각형 방패의 모서리를 둥글게 처리하고, 방패 아래의 별 4개는 다른 나라의 엠블럼처럼 방패 밖으로 빼내 왕관처럼 올렸다. 아르마니 같은 유명 업체가 디자인을 맡아 늘 관심을 받는 유니폼은 전통적으로 푸른 상의와 하얀 하의를 입는다.

❼ 일본의 삼족오

한때 국가대표 축구팀의 엠블럼 자리에는 국기가 주인이었던 때가 있었다. 우리나라를 비롯해 일본, 중국 등 아시아나, 아프리카 지역에선 이런 추세가 상당 기간 지속돼 오다 유럽 스타일로 바뀐 건 그리 오래되지 않았다. 물론 엠블럼에는 국장, 유니폼엔 국장이나 국기의 색을 사용하는 유럽 스타일과는 다소 거리가 있다. 숙명적인 라이벌 한국과 일본의 한판 승부는 엠블럼에서도 이어진다. 일본 대표팀의 엠블럼은 '세발 까마귀'를 사용한다. 일장기를 팔소매로 옮기고 그 자리에 삼족오三足烏를 사용한 건 1980년대 들어서다. 일본에 근대 축구를 보급한 나카무라 가쿠노스케의 고향인 와카야마의 구마노熊野 신사에 그려져 있는 까마귀가 그 원형이다. 일본 신화에 의하면 삼족오 '야타가라스八咫烏'는 천황과 천황의 군대를 이끄는 안내자다. 특히, 구마노에서는 길을 잃은 천황을 안내했다는 전설 속 신조神鳥로 등장한다. 구마노에 야타가라스를 섬기는 신사가 있는 이유다. 발로 공을 잡고 있는 신성한 새 삼족오가 사무라이 군단을 승리로 이끈다는 의미다. 물론 삼족오는 고구려의 건

국신화에 등장하는 '태양에 사는 신성한 새'로 백제를 통해 일본으로 건너갔다는 게 우리의 주장이다. 일본 대표팀의 유니폼은 푸른 상의에 하얀 하의를 입는데, 2014년 브라질 월드컵 당시 욱일 문양을 넣어 비난을 받기도 했다. 2018년 월드컵에선 엠블럼 위에 일장기를 함께 사용해

상징성을 최고조로 끌어올렸다. 엠블럼과 국기를 함께 사용해 좀 과해 보인다.

❽ 대한민국의 백호

일본의 세발 까마귀를 상대하는 태극 전사에겐 '백호'가 있다. 1948년부터 사용해 온 국기 대신 호랑이로 엠블럼을 바꾼 것은 한일 월드컵을 준비하면서다. 1998년 프랑스 월드컵 이후 엠블럼 변경에 대한 논의를 시작해 2002년 월드컵 직전에 확정했다. 앞서 소개한 유럽의 사례와 비교해 관련 스토리는 부족하지만, 여기엔 나름의 의미가 있다. 희망과 젊음을 상징하는 푸른 바탕에 축구공을 움켜쥐고 있는 지혜롭고 용맹하며 신성한 호랑이는 승리에 대한 강한 의지를 표현한 것이다. 방패를 감싸는 테두리의 흰색은 백의민족과 스포츠 정신을 의미하고, 바깥의 금색은 한국 축구의 강인함과 견고함을 상징한다. 협회와 대표팀이 같은 이미지를 사용하지만, 잉글랜드처럼 하단부에 협회는 'KFA'를, 대표팀은 'KOREA'를 새겨 구분하고 있다. 일각에선 당시 스폰서십을 가진 특정 업체의 상징을 사용했다는 비난도 있었지만, 문양이 가지는 상징성과 역사성 특히, 월드컵 4강의 성적 때문에 논란은 수그러들었다. 유니폼은 태극기의 적-백-청-흑색을 고루 사용한다.

3 축구 마케팅 전쟁

 가장 큰 스포츠 이벤트인 월드컵은 이윤을 추구하는 기업의 입장에서도 피할 수 없는 전쟁터가 된다. 월드컵은 특수를 노리는 기업들의 생사를 건 '브랜드 전쟁터'다. 경기에 지면, 정상의 자리는 물론이고, 고객과 시장 점유율도 모두 잃고 시장에서 밀려나게 된다. 이들의 전쟁은 선수단이 첫 선을 보이는 공항에서부터 각종 행사장에서 착용하는 단복과 경기장에서 입는 유니폼과 관련이 있다. 여기엔 왼쪽 가슴엔 출신 국가를 상징하는 엠블럼이 있고, 곳곳에 후원사의 흔적이 숨어 있다. 이 정도면 후원사 입장에선 세계인을 상대로 자사 브랜드를 홍보할 수 있는 절호의 기회라 할 수 있다.

 월드컵 본선에 진출할 경우 경기 전 워밍업이나 선수입장에서부터 공식행사, 90분의 경기시간, 인터뷰 등을 합치면 꽤 긴 시간이다. 여기에 결승전까지 올라갈 경우 모두 4번이나 더 노출되고, 경기시간도 연장까지 고려하면 120분이나 되며, 시상식에 올라갈 경

스포츠 용품 브랜드의 양대 산맥, 아디다스와 나이키

우 각종 매체의 방송까지 말 그대로 '황금을 낳는 거위'가 된다. 그러다보니 세계적인 글로벌 기업들이 이 좋은 기회를 놓칠 리 없다. 세계 축구 유니폼 시장은 절대강자 '아디다스Adidas'와 '나이키Nike'가 양분하고, 나머지 소수 기업들이 틈새를 지키는 형상이다. 2018년 월드컵 본선 진출국을 살펴보면 쉽게 이해할 수 있다. 러시아로 가는 32개 나라 가운데 아디다스가 12개국, 나이키는 10개국을 후원해 1·2위를 차지했다. 3·4위는 4개국을 후원하는 퓨마Puma와 2개국을 후원하는 뉴밸런스New Balance이고, 엄브로Umbro · 험멜Hummel · 에레아Errea · 울스포츠Uhlsport가 사이좋게 1개국씩 후원한다. 사실 이 순위는 매 대회마다 바뀐다.67) 물론 다음 대회에서 누가 본선에 오를지 모르기도 하지만, 스폰서십을 두고 경쟁사 간 뺏고 빼앗기는 처절한 전쟁을 벌여야 하기 때문이기도 하다. 굳이 지난 통계를 동원하지 않고, 예선에서 탈락한 나라만 포함해도 양상은 많이 달라진다. 이번 대회의 이변이라면 유럽의 이탈리아와 네덜란드, 북남미의 칠레와 미국까지 네 나라가 탈락했다. 네덜란드와 미국은 나이키, 이탈리아와 칠레는 퓨마가 각각 후원한다. 월드컵에선 이들 스포츠 업체의 유니폼(브랜드) 전쟁도 볼만하다. 가장 많은 팀을 후원하는 빅3의 경우, 아디다스엔 독일(4회 우승), 아르헨티나(2회 우승), 스페인(1회 우승)이 있고, 나이키엔 브라질(5회 우승)을 비롯해 잉글랜드 · 프랑스(1회 우승)가 있다. 상대적인 후원 숫자는 적지만 퓨마에겐 이탈리아(4회 우승)와 우루과이(2회 우승)가 포

67) 2014년 브라질 월드컵에선 완전히 반대였다. 본선 진출국 가운데 나이키가 10개국, 아이다스가 8개국을 후원한 바 있다. 후원 숫자도 많고, 개최국의 프리미엄까지 가진 나이키의 우세를 점쳤지만 결과는 독일의 아디다스가 우승해 모두의 예상을 뒤집었다.

진해 있어 그야말로 박빙의 승부를 보이고 있다. 2000년대 이후 성적만 봐도, 나이키의 브라질(2002년), 퓨마의 이탈리아(2006년), 아디다스의 스페인(2010)과 독일(2014년)이 우승해 아디다스가 앞서고 있는 형세다. 이들이 취급하는 상품엔 스포츠 의류만 있는 게 아니다. 축구화도 있다. 이들이 펼치는 '축구화 전쟁'도 유니폼에 뒤지지 않는다. 사실 월드컵에서 우승팀만큼 관심을 끄는 게 우승 후원사를 예측하는 것이다. 후원사 입장에선 적어도 32강에 오를 수 있는 팀을 선택하는 게 중요하고, 이 가운데 피파 컵을 들어 올릴 수만 있다면 이보다 좋을 순 없다.

'유니폼 전쟁'에 버금가는 그라운드 밖의 패션 전쟁이 있다. 선수단이 비행기로 공항에 내리면서 시작되는 '단복 전쟁'이다. 단복Group Suit은 자국의 출정식이나 개최지 입국, 기자회견 등의 공식행사에서 입는 정장이다. 사실 슈트는 19세기 영국 해군 장교복에서 유래했다. 그래서 영국을 '신사의 나라'로 부르는 것이다. 단복 역시 전쟁 복식에 뿌리를 두고 있다 보니 나름의 전통이 있다. 그러나 유니

[표8] 2018년 러시아 월드컵 32강 후원사

계	아디다스	나이키	퓨마·뉴벨런스	기타
32	12	10	4·2	4
출전국	아르헨티나 벨기에 콜롬비아 이집트 독일 이란 일본 멕시코 모로코 러시아 스페인 스웨덴	오스트리아 브라질 크로아티아 잉글랜드 프랑스 나이지리아 폴란드 포르투갈 사우디아라비아 대한민국	세네갈 세르비아 스위스 우루과이 코스타리카 파나마	페루(엄브로) 덴마크(험멜) 아이슬란드 (에레아) 튀니지 (울스포츠)

품만큼 노출 빈도나 효과가 제한되기 때문에 그리고 국가를 대표하는 상징성 때문에 일반적으론 자국 브랜드를 선호한다. 단복은 월드컵에 임박해야 결정되기 때문에 여기선 지난 2014년 월드컵에 등장한 축구 강국의 사례를 중심으로 그 특징을 간략하게 알아본다.

2014년 대회 우승국 독일은 정말 군복 같은 느낌이다. 그들은 전통적으로 '휴고 보스Hugo Boss'를 고집한다. 2차 세계대전 당시 독일 군복을 만든 경력 때문인지, 진한 푸른색 상하의가 심플하면서도 직선미를 강조함으로써 세련되고 강인하게 보인다. 2010년 우승국 스페인의 브랜드는 '페드로 델 이에로Pedro del Hierro'다. 검은 톤의 상하의에 화려한 장식으로 상징성을 극대화했다. 스페인을 상징하는 붉은 넥타이와 왕실을 상징하는 금색 소매장식을 사용했다. 잉글랜드는 이전엔 이탈리아의 아르마니를 선호했지만, 2010년부터 자국 브랜드 '막스 앤 스펜서Marks and Spencer'가 디자인한 회색의 단복을 입는다. 상의 주머니 안쪽에는 1966년 월드컵 우승을 기념하는 별 문양을 새겨 넣었다. 2006년 우승국 이탈리아의 브랜드는 '돌체 앤 가바나Dolce & Gabbana'다. 푸른색 상하의에 진주를 박은 단추, 이탈리아 국기가 그려진 넥타이로 화려하면서도 럭셔리한 디자인이 돋보인다. 지난 대회 32개국 가운데 가장 세련된 단복으로 평가되기도 했다. 일본은 필자가 알고 있는 사례 가운데 유일하게 수입 브랜드를 입었다. 영국의 '던힐Dunhill'에서 만든 '승부복勝負服'이란 이름의 단복이다. '사무라이 정신'을 표현하기 위해 푸른 계통의 상하의에 검은 넥타이로 대비시켰다. 태극전사들은 제일모직이 만든 갤럭시 '프라이드 일레븐Pride 11'을 착용했다. 상

2014년 브라질 월드컵에 참가한 이탈리아 선수단

의 안쪽엔 대표팀의 슬로건 'One Team, One Spirit, One Goal!'을 새겨 승리를 향한 의지를 표현했다. 4년 주기로 바뀌는 단복은 적어도 다음 대회까지는 대표팀과 운명을 함께 한다.

어디 이뿐이겠는가? 경기를 보는 것, 먹는 것, 즐기는 것 등 이루 헤아릴 수 없이 많은 것들이 축구전쟁에 출사표를 낸다. 여기서 관련된 스포츠 마케팅 사례를 모두 소개하기는 어렵지만, 다음의 사례는 그 단면을 짐작하는 데 도움이 되리라 생각한다.

2014년 새해가 밝아오자, 국내·외 시장은 기업들의 마케팅 전쟁으로 후끈 달아올랐다. 새로 출시한 '곡면 TVCurved TV' 시장을 선점先占하기 위해 두 절대 강자 'A'사와 'B'사가 일촉즉발의 상황에 있었다. TV의 대형화 시장은 2010년을 전후로 크게 유행된 마치 영화관에서 보는 것 같은 감동을 전하는 '홈 씨어터Home Theater' 또는 '홈 씨네마Home Cinema' 이후에 급속히 성장했다. 그런데 화면이 너무 크고 넓으면, 눈의 구조상 좌우로 치우칠수록 화면의 왜곡이 심해진다. 이를 보완하기 위해 곡면 화면의 TV가 개발된 것인데, 때마침 월드컵과 맞물려 전쟁이 촉발된 것이다.

전쟁은 A에서 먼저 홍명보 감독을 내세워 선제공격을 감행하면서 시작됐다. 경쟁사 B는 기다렸다는 듯이 대표팀의 주축인 구자철과 손흥민 선수를 투톱으로 반격에 나섰다. 월드컵을 앞둔 시기에 대표팀 감독과 선수가 같은 제품 경쟁사의 모델로 나선 것이다. 공통점은 이것 말고도 또 있었다. 두 광고 모두 로마시대의 전쟁을 배경으로 하고 있어서 적잖이 놀랐다. A의 켄셉은 검투경기다. 아버지와 아들이 고대 로마로 이동해 검투사 수십 명이 격투를 벌이는 바로 그 현장에 있는 것 같은 생생한 느낌을 전하는 설정이다. 굴곡진 화면과 둥근 원형경기장, 원형으로 둘러싼 검투사의 전투대형이 조화를 이룬 가운데 격렬한 전투장면을 바로 옆에서 보는 감동을 강조했다. 한편, B의 컨셉은 붉은 전사의 축구전쟁이다. 태극전사의 붉은 유니폼과 로마 군단병의 튜닉Tunic은 모두 붉은 색이다. 마치 선진 유럽 강호를 대적하는 태극전사에게 승리를 기원하는 메시지 같기도 했다. 전체 스토리라인은 태극전사와 로마군의 축구 대결로 구성했지만, 큰 구도보다는 격정적인 장면에 숨은 작은 디테일에 포커스를 맞췄다. 시시각각으로 움직이는 선수들의 근육, 힘줄, 표정 그리고 얼굴의 흉터까지 선명하게 보여줌으로써 시청자가 직접 전투를 하고 있다는 느낌을 강조했다.

로마 검투경기를 배경으로 한 A광고(위)와
태극전사와 로마군의 축구전쟁을 모티브로 한 B광고(아래)

두 회사는 모두 기존에 볼 수 없는 초고화질과 3D 기능을 강화해 높은 몰입과 입체감을 제공해 월드컵의 감동을 배가시켜 주겠다며 전쟁에 돌입했다. 사실 마케터들의 노력과 연구를 잘 알고 있기에 이런 수준의 광고가 그냥 나온 건 아니라는 정도는 짐작이 간다. 한편, 전쟁과 축구의 역사에 정통하지 않고선 나올 수 없는 것이어서 놀라웠다. 비록 당신은 축구에 관심 없을지 몰라도, 축구는 당신에게 아주 관심이 많다!

4 상징성의 끝판 왕, 축구

축구 유니폼이나 단복은 물론이고 엠블럼에 심지어 마케팅까지도 '전쟁'과 무관하지 않다. 학술적으로 정의된 문장의 시작은 중세 기사들로부터다. 주지하는 바와 같이, 고대엔 그리스 중장보병이 있었다면, 중세에는 전신갑주를 걸친 말 탄 기사가 주름 잡았다. 고비용의 기사를 잃지 않으려는 현실적인 계산에서 기사는 물론이고 말까지 온몸을 감싼 덕분에 피아식별이 중요해졌다. 이런 전장의 요구는 문장紋章; Coat Of Arms의 탄생으로 이어져 전쟁과 문장의 공진화를 유인했다. 문장은 평상시 신분이나 출신, 직책 등을 식별하는 표식으로도 활용됐고, 전쟁 이외의 영역으로 급속히 확산되는 과정을 거쳤다. 여기엔 주목할 만한 몇 가지 특징이 있었다.

12세기 전쟁터에서 기사들의 식별을 위해 도입된 문장은 왕을 비롯한 영주와 귀족을 중심으로 한 고위층의 상징이 되었다. 이 과정에서 '십자군Crusades'의 역할은 결정적이었다. 전장에서 피아식별과 협동전투를 위해 사용했던 '십자가Cross'를 고향으로 가져가 '신의 구원과 은총'을 의미하는 징표로 국가와 도시의 상징으로 삼았다. 13세기 로마 교황청에서 이를 받아들여 교회나 수도원, 성직자에게로 확산되면서 급속도로 유행했다. 14~15세기엔 다른 영역에까지 확산되기에 이르렀다. 더 많은 도시들이 자신만의 문장市章을 만들었고, 크고 작은 공동체와 민간단체도 집단의 결속과 특별함을 강조하기 위해 문장을 활용했다. '대학'이나 상인과 장인의 협동조합 '길드Guild'에서 받아들인[68] 것도 이 시기였다. 13세기부터 도입했던 국가의 상징은 18세기 시민혁명을 통해 근대국가가 등장하면서 국기, 국장, 국수, 국화 등의 형태로 완성됐다. 그리고 19세기에 들어 축구는 스포츠 영역으로 확대됐다. 마침내 '기호를 소비하는 사회[69]'가 출현하게 된 것이다.

학술적 정의에 의하면 엠블럼은 중세 기사로부터 유래한 문장의 후손으로 그 오랜 진화의 여정 가운데 가장 종착점에 있다. 유니폼이나 엠블럼은 하루아침에 갑자기 솟아난 게 아니다. 특히 국가처럼 상징 범위가 크다면 단순히 한두 요소만으론 결정할 수 없다. 집정관 마리우스가 로마를 대신하는 군단의 깃발을 하사하고, 나폴레옹이 6개월간 석학들을 모아 부대(연대)에 하사한 상징처럼 그냥 얻어진 게 아니다. 엠블럼은 '생사에 영향을 미치는 모든 것을 염두에 둔 결과로 얻어진 산물' 정도로 기억해 두자! 사실 전쟁으로부터 유래한 '기호를 소비하는 사회'의 흔적은 이뿐이 아니다. 이와 관련해서는 별도의 저서에서 다룰 예정이다.

[68] 현대 상업로고의 전신. 주로 판매하는 제품이나 용역의 특징을 형상화해 만든 이미지를 사용하곤 했다.

[69] 장 보들리아르Jean Baudrillard의 주장(소비의 사회)을 참고해 재작성했다.

1 오랜 굴묘편시의 축구 역사

2 전쟁을 부른 특별한 킥, 보반 킥(Boban's Kick)

3 전쟁을 부른 특별한 축구경기, 축구전쟁(Soccer War)
  ① 1차전 '도발'
  ② 2차전 '보복'
  ③ 3차전 '전쟁'

4 물러설 수 없는 숙명의 한판 승부, 한일 축구전쟁
  ① 도하의 기적(1993년)
  ② 도쿄대첩(1997년)
  ③ 삿포로 참사(2011년)
  ④ 카디프대첩(2012년)
  ⑤ 어게인 도쿄대첩(2017년)

6

전쟁 유발자, 축구

1 오랜 굴묘편시의 축구 역사

 '무덤을 파내어 시체를 훼손한다'는 의미의 '굴묘편시掘墓鞭屍'는 춘추전국 시대의 장군이자 전략가였던 오자서伍子胥와 관련이 있다. 그는 초楚나라 사람으로 모함에 빠져 평왕平王에게 아버지와 형을 잃었다. 복수를 결심한 오자서는 초나라와 적대 관계였던 오吳나라 왕 합려闔閭를 찾아가, 군사軍師(오늘날 합참의장)의 자리에 올라 초나라를 공격해 대승을 거뒀다. 그러나 이미 초평왕은 세상을 떠난 뒤였다. 원수를 갚겠다는 일념으로 부인도 자신의 손으로 죽여야 했던 그의 분노는 좀처럼 누그러지지 않았다. 마침내 초평왕의 묘를 찾아내 시신을 파내, 채찍질 300대를 내리쳤다. 우리에게도 예로부터 '무덤을 파 시체의 목을 매거나 자르는 극형'이 있었다. '부관참시剖棺斬屍'라 한다. 기록에 의하면, 연산군 때 김종직, 송흠, 한명회, 정여창 등이 부관참시를 받았다고 전한다. 굴묘편시나 부관참시는 축구에도 있다.
 신사의 나라 영국의 축구 역사에는 유독 이런 사례가 많다. 지리적으로 보면 바다 건너에 있는 영국이 무슨 외침을 당했을까 하겠지만, 나름 아픔이 많다. 영국을 처음 침략한 건 로마였고, 이후 바이킹에 의해서다. 기원전 55년 카이사르의 침공으로부터 하드리아누스 방벽을 세울 때까지 거의 5세기 동안 영국을 지배했다. 8~10세기 동안에는 강성해진 바이킹은 말린 대구를 매단 롱쉽Long Ship

을 타고 지중해까지 무려 1,000km 이상을 내려와 유럽을 정복했다. 이 과정에서 해로 상 길목에 위치한 잉글랜드가 무사할 리 없었다. 온갖 폭정을 일삼은 로마군과 바이킹이 떠나자 그동안 쌓였던 울분이 한꺼번에 폭발한 것이다. 영국인들은 로마군을 물리친 기념으로 축제를 즐겼고, 이미 죽은 데인(덴마크인)족의 무덤을 파내서 그 머리를 발로 차고 다녔다. 기록에 의하면 '체스터Chester'에서는 217년 로마군을 물리친 것을 기념하고, '킹스턴온템즈Kingston-on-Thames'에서는 바이킹을 축출한 것을 기념하는 축구를 했는데 그것이 오늘날까지 전해지고 있다. 잉글랜드 축구는 외침에 대항해 적을 물리쳐 독립과 자유를 되찾았던 피의 역사 70)와 관련이 깊다. 이런 전통은 프랑스 왕위계승전쟁의 격전지 윈첼시Winchelsea에도 남아 있다. 1377년 프랑스는 잉글랜드를 침공해 윈첼시로 진격했으나, 완강히 버티는 방어군 때문에 성

70) 유독 축구엔 이런 역사가 많다. 특히, 잉글랜드 뿐 아니라, 전쟁으로 점철된 유럽 여러 나라의 축구는 물론이고, 앞서 소개한 우리나라도 예외는 아니다.

을 함락하지 못한 채 교착상태로 전환됐다. 여유가 생긴 영국군은 소속이 달랐던 3개 부대의 화합을 도모하기 위해 게임을 고안했는데, 끔찍하게도 프랑스군 포로의 머리를 가지고 상대 골문(술통)에 넣는 경기였다. 물론 세 팀의 선수 숫자만 같다면 다른 규칙은 없었기 때문에 발로 차는 행위도 허용됐다. 1999년부터 매년 크리스마스 다음날인 박싱데이에 '윈첼시 스트리트 게임Winchelsea Streete Game'으로 재현되고 있다. 경기 전 마을 원로가 '프랑스 군인의 머리(마네킹)'를 들고 나와 게임을 설영하는 장면부터가 낯선데, 원래 경기는 'Kick the Frenchman's Head'로도 불렸다니 섬뜩하다. 신사

의 나라 영국에서 발로 머리를 차는 행위는 외부 침략과 관련된 상당히 오랜 전통이다.

독일은 유럽에선 공공의 적이다. 현대에 들어서만 1·2차 세계대전으로 두 번이나 짓밟힌 유럽의 여러 나라들이 기회만 되면 복수를 원한다. 그러나 워낙 축구를 잘하는 독일이다 보니 그리 녹록하지 않다. 이에 자주는 아니지만 독일에 이기는 날은 곧 독립기념일이 된다. 사실 영국은 유럽에 속해 있지만 지리적 특성 때문에 독일의 침략을 받지 않은 나라지만, 공군의 런던공습만큼은 또렷이 기억하는 치욕의 순간이다. 로마와 바이킹에 이어 세 번째 아픔이다. 꼭 이기고 싶은 상대지만, 1966년 런던 월드컵 말고는 한 번도 이기지 못했다. 그러다 보니, 2000년 유로대회 승리의 기쁨은 남달랐다. 34년 동안 묵은 오랜 한풀이였고, 마치 과거 세계대전의 종식만큼이나 환희의 순간이 아닐 수 없었다. 앞서 소개한 '샤를러레 난동'은 승리에 대한 오랜 갈망에서 비롯된 참사일 수도 있다. 1998년 프랑스 월드컵에서 독일 훌리건들이 프랑스 경찰을 집단으로 구타해 중태에 빠뜨리자, 이례적으로 독일 총리가 직접 나서 프랑스 대통령에게 급히 사과하며 조기에 사태를 수습한 일이 있다. 특히, 독일은 자칫 시기를 놓치면 대형 참사로 이어질 수 있는 사소한 것도 민감하게 반응하는 편이다.

덴마크에 당한 영국도 지구 반대편에 있는 아르헨티나와는 아주 불편하다. 1983년 포클랜드 전쟁Falklands War 때문이다. 3년 뒤, 멕시코 월드컵 8강전에서 만난 두 팀의 경기는 말 그대로 전쟁이었다. 라커룸에서부터 두 팀의 기 싸움은 대단했다. 잉글랜드 대표팀은 "전쟁에서도 이겼는데 축구에선 질 수 없다"며 필승을 독려했고, 반대로 아르헨티나 선수들은 "전쟁에서는 졌지만 축구에선 절대 질 수 없다. 억울하게 죽고, 고통 받은 국민들을 위로하자!"며 복수의 칼을 갈았다. 경기장에 입장한 두 팀 선수들은 서로 눈도 마주치지 않고 악수도 하지 않은 채, 격투시합을 연상시키는 유래 없는 혈전을 펼쳤다. 경기는 2대1로 아르헨티나가 승리해 설욕은 했지만, 오심 판정으로 논란이 컸던 경기다. 잘 알려진 '신의 손' 논란이다. 168cm에 불과한 마라도나가 185cm의 잉글랜드 골키퍼 실턴과 경합해 골을 성공시켰기 때문이다. 누가 봐도 반칙이었지만 판정은 번복되지 않았다.

영국인들에게 씻을 수 없는 치욕과 고통을 안긴 덴마크도 제2차 세계대전 동안 독일에 철저히 유린당한 역사를 가지고 있다. 독일 입장에선 유틀란드 북부에 위치해 바다 건너 영국을 견제하는 전략적 요충지 덴마크가 절실히 필요했다. 1940년 선전포고도 없이 공수부대를 투입해 주요 공항과 교량을 점령하고 전차부대를 진격시키자, 덴마크는 전의를 상실한 채 이내 항복해 버렸다. 바이킹의 후예로 자부하던 덴마크인들에게는 있을 수 없는 굴욕과 수모였다. 오늘날 덴마크는 당시 항복한 굴욕을 축구로 푼다. 비록 자주 있지는 않지만, 지금도 독일과의 경기에서 이기는 날[71]이면 온 나라는 축제에 빠진다.

독일은 또 어떤가? 두 번이나 세계 전범국이 었으니 넘어야 할 산이 한둘이 아니었다. 서부 유럽의 대부분을 석

[71] 가장 최근의 경기 가운데 2002년 한일 월드컵을 앞두고 코펜하겐에서 열린 독일과 친선경기에서 2대1로 승리한 기록이 있다. 이날 경기장은 물론이고, 온 국민이 거리로 나와 승리의 기쁨을 만끽했다.

권했던 1차 대전이 끝나고 독일에 상당히 불리했던 베르사유 조약이 체결됐다. 조약에 따라 이전 국토의 15%를 반납하다보니 선수층은 형편없이 약화됐고, 천문학적인 전쟁 배상금으로 축구엔 신경쓸 여력조차 없었다. 독일 축구는 자연스럽게 위축됐고, 그 효과는 1938년 월드컵 예선 탈락이라는 사상 최악의 성적으로 돌아왔다. 정부 차원에서 특단의 대책을 강구했다. 특히, 스포츠를 통한 선전에 주력했던 나치 정책에 발맞춰 팀을 재정비하고 전폭적인으로 지원하기 시작했다. 그 결과 2차 세계대전 중에 30회가 넘는 A매치를 치르며 실력을 키울 수 있었다. 그러나 종전 후 연합국은 축구협회와 대표팀을 해체했고, 피파는 월드컵을 포함한 모든 국가 대항전 출전을 금지시켰다. 이런 일련의 조치는 더 강한 전차군단을 만드는 데 충분한 토양 역할을 톡톡하게 했다. 전후 처음 출전한 1954년 스위스 월드컵에서 축구 강국 헝가리를 꺾고, 처음 우승72)컵을 들어올렸다. 이후 독일의 기세는 1972년 유로, 1974년 서독 월드컵으로 이어졌고, 1980년대 가장 절정의 성적(세 번 연속 월드컵 결승 진출, 1회 우승)을 보이며 전성기를 누렸다. 그리고 2014년 우승까지 명실상부한 세계 최강팀이다. 독일 전차군단은 전범국의 패배의식과 자괴감에 빠진 독일 국민들에게 커다란 위로와 희망이자 자존심 같은 존재였다.

역사적으로 국경을 접한 두 나라가 좋은 관계를 유지하긴 쉽지 않다. 인접한 나라일수록 '침략-피被침략' 또는 '지배-피被지배'의

---

72) 당시 예선에서 이미 마법의 군단 헝가리에게 8대3으로 대패를 당한 약체 독일의 우승을 점치는 사람은 아무도 없었다. 경기 초반 두 골을 실점하고 후반에 세 골을 몰아넣어 역전승했다. 사람들은 이를 '베른Bern의 기적'이라 불렀고 훗날 '라인강의 기적'을 만든 시발점이 됐다. 2003년 같은 제목의 영화도 개봉된 바 있다.

역사는 필연적이다. 전쟁으로 해소하지 못하는 오랜 숙원을 푸는 데 축구만한 게 없다. 대부분의 스포츠가 그렇지만, 특히 축구는 과거 '도발-응징-보복'으로 이어지는 무한의 한풀이 역사의 굴레가 복잡하게 얽혀 있는 유일한 영역이다. 공교롭게도 축구를 좋아하는 나라에는 이런 사연 한둘은 다 있기 마련이다. 축구는 외침에 대항하고, 독립과 자유를 되찾았던 자랑스러운 역사와 관련이 깊다. 이런 현상은 국가대표 간의 A매치는 물론이고, 클럽팀의 더비로 고스란히 이어진다. 오늘날 세계는 영국 신사들의 굴묘편시에서 비롯된 오랜 '도발-응징-보복으로 연결된 화약고'와 같다.

2 전쟁을 부른 특별한 킥, 보반 킥(Boban's Kick)

　월드컵, 올림픽, 피파 지역대회 등 메이저 이벤트가 있는 한, 국경을 마주한 라이벌 전쟁은 절대 피할 수 없는 숙명이다. 본선으로 가기 위한 지역 예선을 치러야 하는 대회 시스템 때문인데, 유럽 지역에서 화약고는 단연 구 유고연방이다. 특히, 축구 강국 크로아티아와 세르비아의 일전은 늘 전 세계인이 주목하는 경기다. 지난 2013년 월드컵 지역예선을 위해 세르비아를 방문한 크로아티아 선수들의 숙소에는 장갑차와 중무장 경찰들이 배치됐고, 대통령이 직접 양 선수단 관계자들을 만나 선전을 당부하는 등 다른 매치와는 사뭇 다른 분위기다. 그 시작은 1990년에 비롯됐다.

　유고연방 또는 유고슬라비아라(이후 '유고')는 이미 없어진 지 오래다. 발칸반도에 위치해 7개국과 국경을 마주하고 5개 민족이 6개 공화국(슬로베니아, 크로아티아, 보스니아-헤르체고비나, 세르비아, 몬테네그로, 마케도니아)을 만들어 살면서 4개의 언어와 3개 종교를 믿는 복잡한 지역이다. 이들을 하나로 묶은 건 미국이나 소련과는 다른 독자 노선을 주장한 요지프 티토 대통령 때문이었다. 그런데 1980년 티토 사망 이후, 이 복잡한 나라에 때늦은 민족주의가 싹트기 시작했다. 1987년 세르비아에서는 슬로보단 밀로셰비치를, 크로아티아에서는 프란요 투지만을 지도자로 선출해 독자 노선을 걷기 시작했다. 여기에 베를린 장벽의 철거(1989년)는 전국을 용광로처럼 뜨겁

게 달궜다.

1990년 5월 13일, 자그레브에서 열린 한 축구 경기는 이런 분위기에 불을 지폈다. 크로아티아를 대표하는 디나모 자그레브Građanski nogometni klub Dinamo Zagreb와 세르비아를 대표하는 츠르베나 즈베즈다Fudbalski Klub Crvena(영어로 '레드 스타 베오그라드Red Star Belgrade') 간의 경기였다. 두 민족을 대표하는 축구팀의 격돌은 서포터의 충돌로 이어졌다. 디나모 자그레브의 서포터 '배드 보이즈 블루스Bad Boys Blues'와 레드스타의 서포터 '델리예Delije(영웅)'가 서로를 자극하는 구호를 외치며 한판 붙었고, 이들의 충돌은 매우 거칠고 격렬했다. 급기야는 두 응원단을 진압하기 위해 무장경찰이 투입됐다. 그런데 이들의 행태가 수상했다. 공정하게 말려야 할 경찰이 자그레브 팬을 집단 구타하면서 사태는 급속도로 악화됐다. 이유는 이랬다. 이미 과거부터 두 지역 간에 교류가 많아 세르비아인들이 크로아티아에 많이 살았는데 대부분이 경찰이 됐다. 전·현직 경찰들로 구성된 서포터와 이를 말리는 경찰 또한 같은 세르비아계였기 때문에 디나모의 팬들은 일방적으로 당할 수밖에 없었다. 이런 상황에서 구세주가 나섰다. 서포터가 경찰에 집단 구타당하는 장면을 목격한 디나모의 한 선수가 경찰을 향해 몸을 던져 발차기를 날리며 가세하는 사건이 벌어졌다. 이를 계기로 그라운드는 양팀의 선수, 서포터, 경찰이 서로 뒤엉켜 난투극을 벌였고 경기는 무산됐다.

주인공은 디나모의 주장 '즈보니미르 보반Zvonimir Boban'이었다. 어려서부터 축구 천재로 불리며 16살 나이에 디나모에서 프로

세계를 바꾼 발차기, 보반킥

생활을 시작했고, 18살에 주장을 맡아 단숨에 국가대표가 된 크로아티아 축구의 전설이었다. 그러나 이 사건으로 9개월간 출전 정지와 벌금 처분을 받으며 1990년 월드컵에서도 제외됐다. 그는 "나의 행동은 정당했다. 정의의 이름으로 싸움에 끼어들었을 뿐이다. 후회는 전혀 없다"며 뜻을 굽히지 않았다. 스포츠 경기에서 위험에 처하면 선수 보호가 우선인데, 그는 자신의 안전보다는 폭행당한 팬을 위해 자신을 던졌다. 경기장을 찾은 디나모 팬들은 "보반! 보반!"을 외치며 몇 겹으로 에워싸 보반을 보호하고는 경찰과 세르비아 팬들에 맞섰다. 경기 후, 크로아티아 국민들은 보반에게 무한의 신뢰와 사랑을 보내며 '영웅' 칭호를 붙여 칭송했고, 매스컴에서도 연일 관련 특집을 보도했다. '보반킥Boban's kick'은 이때 붙여졌다.

티토 체제에서 억압된 민족 감정이 보반킥 때문에 폭발했고, 걷잡을 수 없이 확산됐다. 거리에선 격렬한 폭력 사태와 무장 충돌이 속출했고, 약 200건에 달하는 테러가 발생해 대혼란에 빠졌다. 결국 1991년 5월 19일에 크로아티아는 국민투표에서 94%의 찬성으로 분리 독립을 선언했다. 그러나 여기에 반대하는 세르비아가 크로아티아를 침공하면서 4년간의 '크로아티아 독립전쟁Croatian War of Independence'에 돌입하게 됐다. 이로 인해 2만 명의 사망자와 수십만의 난민 그리고 400만 달러의 경제적 손실로 두 나라는 피폐해졌다. 종전 후, 보반은 신생 크로아티아 국가대표 팀을 이끌고 첫 국제대회인 1996년 유로대회에서 8강에 이어 1998년 월드컵에서는 4강에 오르며 세계를 깜짝 놀라게 했다. 더 놀라운 건, 그 공로로 받은 거액의 포상금 전액을 조국에 기부해 진정한 민족 영웅이 됐다는 사실이다. 2011년 CNN에서도 이날의 경기를 "세계를 바꾼 중대한 축구 경기"로 회고하면서, 보반을 "그 어떤 정치가도 하지 못했던 일을 해낸 위대한 축구선수"로 평가했다.

3 전쟁을 부른 특별한 축구경기, 축구전쟁(Soccer War)

'축구는 전쟁을 촉발하는 원인 중 하나'라고 주장한다면 믿을지 모르겠다. 다소 과장된 표현이지만, 거짓은 아니다. 누차 강조하지만, 축구는 여타의 스포츠와는 근본부터 다르다. 현대인들은 축구를 통해 크고 작은 전쟁에 직·간접적으로 노출돼 있다 해도 틀린 말은 아니다. 지금부터 소개할 이야기는 축구 때문에 전쟁을 벌어진 사례다. 1970년 멕시코 월드컵 지역 예선에서 국경을 마주한 온두라스Honduras와 엘살바도르El Salvador가 만났다.

❶ 1차전 '도발'

1969년 6월 7일, 온두라스 수도 테구시갈파에서 열린 1차전은 재앙의 시작이었다. 경기 전날, 온두라스의 열성팬들이 원정팀 엘살바도르의 숙소 밖에 모여 고의로 밤새 소란을 피우는 통에, 선수들은 숙면을 취하지 못하고 경기에 나서야 했다. 몸이 무겁고 정상 컨디션이 아닌 엘살바도르 선수들의 개인 기량은 물론이고 조직력도 엉망이었다. 경기 내내 무기력한 모습을 보이면서 끌려가다 결국 온두라스에 골을 내주고는 1대0으로 패배했다. 엘살바도르에선 난리가 났다. 야비한 온두라스의 행동에 울화가 치밀었고, 분함을 주체할 수 없는 지경에 이르렀을 때, 바로 분노한 국민들에게 기름을 끼얹은 사건이 터졌다. 엘살바도르의 18세 소녀가 "조국이 온두라스에 지는 꼴을 더 이상 볼 수 없다"는 유서를 남긴 채 권총으로 목숨을 끊었다. 대통령과 정부 각료들이 모두 참석한 가운데 장례식은 국장國葬으로 거행됐고, 전국에 TV와 라디오로 생중계됐다. 온 나라가 분노로 들끓었다. 이들의 분노는 곧 엘살바도르에서 열린 2차전에서 몇 배의 보복으로 돌아갔다.

❷ 2차전 '보복'

1차전이 있은 지 일주일이 지난 6월 14일, 엘살바도르 수도 산살바도르에서 2차전이 열렸다. 이번엔 엘살바도르의 차례였다. 원정팀 온두라스 선수단 숙소 앞에 모여 밤새 시끄럽게 난동을 부린 것이다. 그냥 난동이 아니라, 선수들이 투숙한 객실을 향해 돌을 던져 유리를 깨고, 죽은 쥐를 던져 넣는 등 그들의 행태는 테러에 가까웠다. 온두라스에게 당한 이상으로 돌려줬다. 온두라스 선수들은 공포 속에서 뜬눈으로 밤을 지새워야 했고, 경기는 볼 것도 없이 졸전을 펼쳤다. 엘살바도르가 3대0의 대승을 거뒀다. 경기는 마쳤지만 양국 응원단은 이대로 끝낼 수 없었다. 온두라스 팬들은 심판의 편파 판정에 항의했고, 이를 못마땅하게 여긴 엘살바도르 응원단이 가세하면서, 이내 두 응원단의 패싸움이 시작됐다. 온두라스 응원단 2명이 집단 폭행으로 사망하고, 응원단을 수송했던 버스 150대가 전소되는 사고가 벌어졌다. 이 소식은 삽시간에 본국으로 전해졌고, 온두라스 국민들의 분노는 농작물 경작을 위해 이주해 온 엘살바도르 이민자에게 전해졌다. 약탈, 방화는 물론, 온두라스에 거주하던 수십 명의 엘살바도르인이 살해됐다. 때를 놓치지 않고, 정부에서도 엘살바도르에 대해 수입 금지 조치를 단행하자, 이번엔 엘살바도르가 세계인권위원회에 온두라스의 만행을 제소해 맞불을 놨다. 양국의 적대 분위기는 더욱 고조됐고, 급기야는 6월 23일을 기해 양국은 국교단절을 선언하며 완전히 등을 돌렸다.

❸ 3차전 '전쟁'

1승 1패를 기록한 두 팀은 제3국에서 마지막 경기를 치러야 했다. 3차전은 6월 27일, 멕시코시티로 결정됐다. 관중보다 경찰이 더 많이 배치된 살벌한 분위기에서 난투극 같은 경기가 시작됐다. 이런 가운데 두 팀 전사들은 사력을 다해 2골씩 성공시키며 무승부로 정규경기를 마쳤지만, 연장에서 엘살바도르가 결승골을 성공시키며 3대2로 짜릿한 승리를 거뒀다. 경기는 이겼지만 분노는 누그러 들지 않았다. 7월 14일 선전포고와 함께 대기하고 있던 육군과 공군이 온두라스를 침략한 것이다. 공군은 온두라스의 주요 거점을 폭격했고, 탱크를 앞세운 지상군은 국경을 넘어 40km까지 진격해 들어갔다. 온두라스도 즉각 대응에 나섰다. 전선에선 가급적 엘살바도르의 공격을 저지하는 데 주력하고, 동시에 낙하산부대를 침투시켜 후방 타격을 병행했다. 다급해진 미주기구와 이웃나라들이 황급히 중재에 나서면서, 가까스로 정전에 합의(7월 18일)하고, 엘살바도르군은 철군(7월 29일)했다. 그러나 둘 사이의 앙금은 평화조약이 체결되는 1980년까지 꽤 오래 지속됐다. 축구 경기가 촉발한 전쟁 '축구 전쟁Soccer War'이었다. 이 경기가 만든 피파 규정도 있었다. 당시엔 오로지 성적만으로 승부를 가렸기 때문에 동률일 경우는 재

경기를 해야만 했다. 그러나 이 경기 이후로는 '골득실제'나 '원정다득점제' 같은 개념을 도입하기 시작했다.

사실 두 나라의 충돌은 예견돼 있었다. 1950년대 이후 정치·경제적 이유로 약 30만의 엘살바도르인이 국경을 넘어 무단 거주하고 있었기 때문에 온두라스로는 여간 고민이 아닐 수 없었다. 월드컵 예선에 임박해 온두라스 정부는 농지개혁법을 공포하고는 수만 명의 이주민을 추방했고, 이로 인해 두 나라의 감정은 악화되기 시작했다. 결국 양국 감정은 때마침 벌어진 축구경기에서 폭발하게 됐고, 둘은 최빈국最貧國으로 전락하고 말았다. 엘살바도르는 축구와 전쟁에서 모두 이겼지만, 온두라스에 잔류한 엘살바도르인들이 살해되거나 추방되면서 자금줄이 끊겨 불황에 빠졌다. 패전국 온두라스는 전쟁으로 인명피해와 막대한 경제적 손실을 입었다. 여기에 오일쇼크까지 가세해 두 나라는 정말 최악의 시간을 보내야 했다.

4 물러설 수 없는 숙명의 한판 승부, 한일 축구전쟁

약소민족에게 피지배의 역사는 쉽게 아물지 않는 상처다. 오랜 일제 강점의 역사를 가진 우리 선수들이 "다른 경기는 져도, 일본과의 경기만은 절대 질 수 없다"며 어금니를 깨무는 것도 같은 이유에서다. 축구에선 그동안 일본보다 한 수 위의 실력을 보이며 역대 전적에서 앞서[73] 있지만, 최근엔 힘겨운 승부를 이어가고 있다. 피파 랭킹은 숫자에 불과하다. 한일전을 두고 하는 말이다. 절대 양보할 수 없는 일본과의 경기는 간혹 전쟁의 이름으로 기억되곤 한다. 우리가 이긴 경기는 '대첩大捷'이라 적고, 지면 '참사慘事[74]'로 치부된다. 1993년 카타르 도하Doha에서 시작된 한일전의 역사는 한 편의 연속 드라마다.

[73] 1954년부터 역대 전적은 대한민국이 41승, 일본이 14승, 무승부 23경기로 크게 앞서 있다.

[74] 통상 압도적으로 이긴 경기에 붙이는 용어다. 그러나 1997년 도쿄대첩의 경우처럼 지고 있다가 역전해 승리하는 극적인 스토리가 있는 경기에도 비유적으로 사용한다.

❶ 도하의 기적(1993년)

1994년 미국 월드컵 아시아 지역예선에서 만난 일본은 이전과는 다른 팀이었다. 1992년 J리그를 출범과 함께 아시안컵에서 우승해 역대 가장 강한 엔트리라는 평가를 받았다. 이제껏 단 한 번도 본선에 진출하지 못했던 일본의 각오는 대단했다. 1993년 10월 카타르 도하의 지역예선에는 대한민국과 일본을 비롯해 6개국이 참가해 2

팀을 가려야 했다. 일본과 사우디아라비아가 승점 5점, 이라크·대한민국·이란이 승점 4점으로 마지막 경기만 남기고 있었다. 최하위 북한(승점 2점)을 제외하면 다섯 팀이 모두 본선 진출이 가능한 상황이었다. 당시 3위였던 대한민국은 마지막 상대 북한을 최소 두 골 이상 이기고, 1위(일본)나 2위(사우디) 중 적어도 한 팀이 져야만 본선 진출이 가능했다. 동시에 진행된 마지막 세 경기에서 사우디(2:1)와 일본(1:0)이 앞서고 우린 북한과 득점 없이 비긴 채 전반을 마쳤다. 최악의 시나리오였다. 후반에 우리 선수들은 세 골을 성공시키며 경기를 마쳤다. 그러나 사우디는 4대3, 일본은 2대1로 리드한 채 경기종료를 앞두고 있어, 벤치에는 암울한 분위기가 감돌았고 심지어 흐느끼는 선수도 있었다. 이어 모든 경기가 끝났다. 사우디는 이변 없이 본선진출을 확정했지만, 일본에 뒤지고 있던 이라크가 경기 종료 30초를 남기고 동점골을 성공시켰다. 첫 월드컵 본선 진출을 노렸던 일본 열도는 한순간에 초상집이 됐다. 당시엔 승리하면 2점(지금은 3점), 무승부 1점, 지면 0점이었기 때문에 대한민국과 일본이 승점은 같았지만, 골득실 차로 운명이 바뀌었다. 앞서 소개한 '베른의 기적'보다 더한 드라마였다. 이때부터 도하는 우리에겐 '기적', 일본에겐 '비극'의 땅이 됐다.

❷ 도쿄대첩(1997년)

'도하의 비극' 이후 절치부심切齒腐心한 일본의 월드컵 도전은 계속됐다. 다 잡았던 미국 월드컵 본선 진출티켓을 놓친 지 꼭 4년 만에 두 숙적은 다시 만났다. 1997년 9월 28일, 일본 스포츠의 상징인 도쿄국립경기장에서 열린 프랑스 월드컵 최종 예선전이다. 경기 전 독도 문제, 동해 어로협정의 충돌로 생긴 긴장감은 한중 정상회담에서 나온 "일본의 버르장머리를 고치자"는 발언 때문에 양측의 감정에 기름을 부었다. 일방적인 응원 속에 일본팀은 초반부터 주도권을 잡았다. 득점 없이 전반을 마치고, 후반에 들어서도 일본의 매서운 공격은 계속 됐다. 20분 경 우리 수비수의 공을 가로챈 뒤 골키퍼와 맞선 상황에서 키를 넘기는 절묘한 슛을 성공시켰다. '칩샷Chip Shot'은 발끝이나 발등으로 공의 밑 부분을 찍어 차서 공중에 띄워 골키퍼를 넘기는 고난도 기술이다. 개인적인 경험에 의하면 기술도 좋아야 하지만 여유가 있어야 할 수 있기 때문에 실점한 입장에선 여간 기분 나쁜 게 아니다. 아마도 느린 땅볼 슛을 가랑이로 빠트려 실점(일명 가랑이골)하는 것과 비슷한 느낌이다. 한 골 승부를 직감한 일본 감독은 공격수를 빼고 수비수를 투입해 굳히기로 전환했다. 패착이었다. 그러자 일본 공격력은 원활하지 못했고, 이 틈을 타 대한민국의 공격이 살아났다. 당시 차범근 감독은 날쌘돌이 서정원 선수를 투입해 공격력을 강화했다. 38분 경, 서정원 선수의 헤딩슛이 터졌다. 분위기는 완전히 역전됐다. 파상공세를 펼치던 41분, 드디어 페널티박스 바깥쪽에서 이민성 선수가 수비를 제치며 왼발로 중거리 슛을 성공시켰다. 푸른 물결의 도쿄국립경기장은 또 다시 초상집이 됐다. 다음날 매스컴에선 일제히 경기 종료 7분 동안 보여준 선수들의 기적과도 같은 스토리를 '도쿄대첩'이란 제목으로 신문을 도배했다. 이 경기는 축구 마니아가 아니더라도 누구나 기억하는 명장면으로, 당시 중계를 담당했던 캐스터의 "후

1997년 도쿄대첩 당시 신문 기사

지산이 무너지고 있습니다"는 멘트가 아직도 기억에 생생하다. 우리에게 패한 일본은 조 3위로 밀려났지만, 플레이오프에서 이란을 힘겹게 따돌리고 첫 본선 티켓을 따냈다.

❸ 삿포로 참사(2011년)

2011년 일본 삿포로에서 열린 친선경기에서 일본은 무려 세 골을 넣으면서 압승을 거뒀다. 울트라 니폰이 삿포로 돔에 내 건 'King of Asia'가 실현되는 경기였다. 1954년 첫 한일전에서 5대1로 4점 차 대승을 거뒀지만 이젠 옛 이야기가 돼 버린 것 같다. 우리 국가대표팀이 3골 차로 진 경기는 1974년 도쿄 한일 정기전 이후 37년 만에 처음인데, 게다가 무득점 3골 차 패배는 유일했다. 삿포로 참사는 그냥 붙인 이름이 아니다. 삿포로는 2003년 11월 아시아야구선수권대회에서 우리 야구 대표팀이 일본에게 일격을 당한 장소이기도 하다. 2002년 아시안게임을 우승한 한국은 일본과 함께 정상에 있었고, 대만과 중국은 한 수 아래로 평가됐다. 대한민국, 일본, 중

2012년 런던 월드컵에서 동메달 결정전의 승자와 패자

국, 대만 4개국 가운데 상위 두 팀에게만 주어지는 본선 티켓은 쉬워 보였다. 그러나 첫 경기에서 복병 대만에 10회 연장 끝에 4대5로 덜미가 잡혔고, 두 번째 중국엔 6대1로 승리해 1승 1무로 일본전을 기다리고 있었다. 일본을 넘어서지 못하면 올림픽에 진출하지 못하는 막다른 골목에서 타선 불발로 0대2로 지는 바람에 예선 탈락의 고배를 마셔야 했다. 삿포로 돔은 바로 그런 곳이었다. 일본이 고민 끝에 우리 축구대표팀을 묻어버리겠다고 호언장담한 바로 무덤 같은 곳이다. 도쿄에서 삿포로로 이어진 한일전쟁은 영국의 카디프로 이어졌다.

❹ **카디프대첩**(2012년)

2012년 런던 올림픽에서 두 팀은 모두 준결승에서 각각 브라질과 멕시코에 패배해 동메달 결정전을 치르기 위해 카디프시티 Cardiff City로 자리를 옮겼다. 올림픽에서 동메달은 일본에겐 44년 만에, 우리에겐 역사상 최초의 메달이 될 수 있었다. 사실 아시아 국가로 세계대회에서 4강에 오른 건, 일본(1968년 멕시코 올림픽 3위), 인도(1956년 멜버른 올림픽 4위), 이라크(2004년 아테네 올림픽 4위)가 전부다. 그러나 이런 통계만으로 설명되지 않는 부분이 있다. 이 경기가 중요했던 건, 두 나라만 관심 있는 한일전이 아니라 전 세계인이 지켜보는 가운데 벌어지는 '첫 월드와이드 한일전'이라는 사실이었다. 더군다나 꼭 1년 전 삿포로 대참사를 기억하는 일부 선수들의 분위기는 험악하기까지 했다. 역대 전적(4승 4무 4패)을 가르는 일전이기도 했지만, 당시 국내에선 대통령이 독도를 방문해 두 나라의 긴장이 한층 고조된 상황인데다 때마침 광복절도 임박한 시점이어서 승리에 대한 염원은 최고였다. 경기가 시작되자마자, 주장 구자철 선수를 중심으로 우리 선수들이 분위기를 압도했고 일본이 반발하면서, 경기장 곳곳에서 격렬한 몸싸움이 벌어졌다. 당시 대한민국과 일본의 파울(16대21)과 경고(4대2) 숫자가 이를 방증한다. 덥고 습한(73%) 날씨 때문에 패스 위주의 일본 전술은 피지컬을 앞세운 압박전술에 무너졌고, 대한민국이 주도권을 잡기 시작했다. 전반 37분, 단 한 번의 역습 상황에서 구자철 선수의 패스를 받은 박주영 선수가 네 명의 수비수를 따돌리고 네트를 갈랐다. 후반전에도 비슷한 상황이 재현됐다. 시간이 갈수록 난투극 같은 경기가 이어졌고, 일본의 시도는 번번이 막혔다. 후반 11분, 이번엔 박주영 선수의 백헤딩 패스를 이어받은 구자철 선수가 추가골을 터뜨렸다. 혹시 골을 성공시킨 후 보여준 '대한민국 만세' 세리머니를 기억하는지 모르겠다. 구자철 선수 주도로 준비했던 거다. 2대0 완벽한 승리였다. 한국 선수들은 서로를 얼싸안고 대형 태극기를 들고 그라운드를 돌았고, 일본 선수들은 모두 그라운드에 주저앉아 눈물을 쏟았다. 광복절에 딱 맞는 그림이었다.

❺ 어게인 도쿄대첩(2017년)

올림픽은 3명의 와일드카드가 포함된 23세 이하(U-23) 대표팀이 출전하는 경기다. 성인 국가대표 A매치만 따지면 최근 성적은 일본에 비해 열세인 게 분명하다. 2010년 5월 친선경기에서 박지성과 박주영 선수의 골로 이긴 후론 단 한 번의 승리도 거두지 못하고 있었기 때문이다. 2017년 일본에서 열린 동아시안 게임의 결승전은 모처럼의 승리를 맛볼 수 있는 좋은 기회였다. 경기 시작 3분 만에 파울로 페널티킥을 내줘 어려운 경기가 예상됐다. 그러나 빠른 시간에 동점골을 성공시키며 경기 분위기를 역전시켰고, 마지막까지 몰아붙여 승리를 이끌었다. 이날 경기에서는 김신욱 선수의 멀티골과 정우영 선수의 장거리 프리킥, 염기훈 선수의 릴레이 골까지 모두 네 골을 터뜨렸다. 오랜만에 거둔 승리기도 하지만, 크로스와 패스에 이은 헤딩과 필드 골에 프리킥까지 다양한 전술을 성공시켰다는 점에서 더욱 값졌다. 최근 A매치 역대 전적에서 무려 7년 반 만에 거둔 승리이고, 3점 차의 대승은 35년 만의 일이었다. '어게인 도쿄대첩'으로 불릴 만하다.

현대엔 과거와 같은 대규모 전면전쟁은 보기 어렵다. 군사력에 의한 무력전쟁은 줄고 있는 반면, 경제나 문화 등 피 흘리지 않는 전쟁이 현대전의 대세다. 이 주장이 옳다면, 그 한 축에 분명 축구가 있다. 세계는 지금 크고 작은 '축구전쟁'에 시달리고 있고, 오늘을 사는 현대인은 축구를 통해 '전쟁 같은 삶'을 이어가고 있다고 할 수 있다.

1 제국을 건설한 로마군 군사훈련

2 전쟁 방식을 닮은 스포츠
   ① 독일 전차군단
   ② 이탈리아 아주리군단
   ③ 스페인 무적함대
   ④ 잉글랜드 삼사자군단

3 축구로 전략·전술을 연습하다
   ① 피아(彼我) 분석에서 시작하라
   ② 나와 상대를 아는 것 외에 환경도 중요하다
   ③ 적의 강점을 묶어라
   ④ 다수(多數)로 소수(少數)를 격파하라
   ⑤ 배면효과를 이용하라
   ⑥ 예비대를 적절히 활용해 결정적 전투를 구상하라

7

전쟁의 축소판, 축구

1 제국을 건설한 로마군 군사훈련

지금까지 축구 기원으로부터 세계 최고의 인기 스포츠로 진화하는 과정에서 더비나 서포터 심지어 유니폼과 엠블럼에 숨겨진 전투성과 축구로 촉발된 다양한 전쟁 사례를 촘촘히 들여다봤다. 이제 다시 원점으로 돌아가 군대 훈련종목으로 채택했다는 의미를 짚어보고자 한다. 과연 동·서양을 막론하고 군에서 전사들을 훈련시키는 종목으로 축구를 택한 이유는 무엇인지 알아보고, 축구에 적용할 수 있는 전쟁원칙 몇 가지를 살펴보고자 한다.

로마제국을 있게 한 로마군단의 힘은 철저한 훈련에서 나온 것이다. 흔히들 로마군의 편제나 장비의 탁월함에 주목하지만, 로마군 특유의 군사훈련 시스템에 대해선 소홀한 편이다. 수많은 실전 경험과 노하우에서 나온 철저한 훈련 시스템이 아니었다면 로마제국은 존재할 수 없었을 것이다. 당대 로마 군단과 군단병들은 단연 최강이었다. 로마의 군단병이라면 누구나 거쳐야 하는 필수 훈련코스를 살펴보면 필자의 생각을 쉽게 이해할 수 있을 것이다. 먼 거리를 이동하는 행군을 비롯해 달리기, 창던지기, 권투, 멀리뛰기, 원반던지기, 수영 등을 연마했는데 이런 건 모두 기본 중의 기본이었다. 전시엔 특별히 무거운 짐을 운반해야 하고, 모든 종류의 전투 무기와 장비에 능통해야 하며, 전투조직의 일부로 전개하고 신호에 따라 일사불란하게 움직이는 방법을 체득해야 했다. 특이한 것으로,

악기 연주에 맞춰 추는 춤75)과 함께 볼을 이용한 구기운동(하르파스툼)도 있었는데, 전자는 전투에 필요한 행위를 익히는 목적이고, 후자는 집단 전투기술을 숙달하는 데 유용했다. 군사훈련으로써 축구의 가치를 확인할 수 있는 대목이다.

로마의 모든 병사들은 애서 교육과 훈련을 잘 받아야 할 의무가 있었다.76) 이런 것들은 모두 유사시를 대비해 평소부터 몸에 익혀 조건반사적으로 반응할 수 있어야 했으니, 그 훈련 강도를 짐작하고도 남는다. 로마군의 훈련은 유혈流血 없는 전투였다. 로마군의 실전 지식은 교범FM; Field Manual에 차곡차곡 쌓였고, 이것에 따라 훈련하고 전투에 임했다. 요컨대, 교범과 훈련은 로마군과 로마제국의 원천으로 계급과 경험, 나이와 무관하게 모두가 참고하고 숙달해야 했다. 오죽 했으면, 로마에선 군대를 '훈련하다'라는 동사 'exerceo'에서 파생된 'exercitus'를 사용했을까?

이렇게 과학적이고 조직적인 훈련 시스템을 갖춘 군대는 고대사회를 통틀어 로마군 말고는 찾아볼 수 없다. 특히, 로마군의 전적戰績이 말해주듯이 주변의 여러 군대들은 대적할 수준이 되지 못했다. 로마가 전쟁으로 많은 영토를 확장하고 대제국 건설에 성공할 수 있었던 건 정책적으로 장려한 전투 스포츠 덕이라는 점을 부정할 수는 없는 대목이다.(조명렬·노희덕·나영일〈1997〉의 주장을 참고해 재작성했다)

75) '전무戰舞(War dance)'라 한다. 고대 그리스군이나 로마군에서는 전투에 필요한 기본동작들을 춤으로 만들어 전사로 하여금 춤을 추면서 전투 동작을 숙달하고, 필요한 체력과 근력을 키우며 동시에 오락도 겸하는 일석삼조—石三鳥의 훈련방법이었다.

76) 에드워드 기본의 저서 〈로마제국 쇠망사〉와 하남길의 논문 '체육과 스포츠의 역사'을 기초로 재작성했다.

2 전쟁 방식을 닮은 스포츠

 유럽 축구를 보고 있노라면, 올림픽 제전 말고도 평소 일상에서 축구를 즐겼던 스파르타와 로마군이 떠오른다. 장기나 체스 그리고 축구에 공통점이 있다. "뭐 눈엔 뭐밖에 안 보인다"더니, 필자의 눈에는 다 똑같이 보인다. 서로의 기물을 가지고 상대를 공격하고 방어하는 장기판(체스판)이나 축구 경기장은 모두 치열한 전투가 벌어지는 전쟁터와 다를 게 없다.

77) 코끼리는 동·서양의 고대전쟁에서 아주 유용한 동물이었다. 잘 알려진 바와 같이, 카르타고의 한니발은 알프스를 넘어 로마제국을 유린할 때 상군을 앞에 세웠고, 마케도니아의 알렉산드로스 대왕 역시 인도를 점령한 뒤, 상군을 복속시켜 충격력을 더욱 강화시킨 바 있다.

 장기나 체스는 기원전 4세기 인도에서 성행했던 보드게임 '차투랑가Chaturanga'에서 유래했다. 게임에 사용하는 기물만 봐도 한눈에 '전쟁의 축소판'임을 직감할 수 있다. 기물은 적군과의 일전을 위해 동원된 군대의 각 병종兵種을 나타낸다. 즉 보병, 포병, 기병, 근위병, 심지어 상군象軍77)까지 등장한다. 전시에 전쟁에 나아가 전투를 지휘할 왕자나 귀족들에게만 허락된 놀이로, 전투에 이길 수 있는 전술을 익히거나 군대의 각 병종을 운용하는 용병술을 가르칠 목적으로 고안됐다. 요컨대 오늘날 흔한 '전쟁 시뮬레이션 게임'의 일종이었다.

 이 오랜 전쟁게임들은 축구와도 매우 닮아 있다. 우리들에게도 익숙한 놀이로 항우와 유방의 8년 전쟁 '초한전楚漢戰'을 재현한 장기로 설명하면 이렇다. 발 빠른 윙Wing은 차車의 역할이고, 최전방에서 상대의 수비를 유린하는 공격수는 위치상 후방에 있지만 장애물을 넘어 상대의 기물을 잡고, 상대의 왕을 위협하는 포包다. 차나 포는 서로의 위치를 바꿔가면서 다양한 공격전술을 구사하며 상대 진영을 유린하는 포드Forward들이다. 마馬와 상象은 차나 포처럼 빠르지 않고, 파괴력도 부족하지만 공격과 방어에 핵심 전력으로 부지런히 그라운드를 누비며 결정적인 기회를 만들어 포나 차의 공격을 도와주거나 적의 공격을 막아내는 미드필더Mid-Fielder다. 수가 가장 많지만 기동력이나 파괴력이 떨어져 단독으로는 운용하기 곤란한 졸卒은 서로 뭉쳐야 힘이 생기는 경보병으로 통상 상대의 공격을 막아내는 수비수Defender 역할을 한다. 물론 상황에 따라서는 상대 전력을 궁지에 몰아 잡는 전공을 세우기도 한다. 왕을 지키는 근위병인 사士는 왕을 보호하기 위해 설정된 제한지역(골에어리어) 내에서만 운용되는 골키퍼Goal Keeper와 같다.

축구가 전투를 닮았다는 주장은 굳이 필요하지 않을지도 모른다. 이 둘이 닮지 않았다면, 로마와 중국의 군대에서 축구를 군사훈련으로 채택했을 리 만무萬無하지 않겠는가? 아니면 반대로 군대에서 축구하면서 터득한 노하우를 전장에서 활용했을지도 모를 일이다. 어떤 주장이 옳은지 여부와는 상관없이 전쟁 같은 축구의 결론은 변하지 않는다. 고대의 전투는 일반적으로 전투대형에 의해 좌우됐는데, 그리스와 로마에서 유행한 축구와 전투방식을 비교해 보면 아주 흥미로운 사실을 발견하게 된다.

로마군의 전투는 기본적으로 3열 횡대전술이다. 전열엔 긴 창을

장기 · 체스(위), 축구(가운데), 로마군단의 전투대형(아래)

든 20대의 젊은이들로 구성된 경보병 하스타티Hastati를 두고, 그 뒤에는 검을 든 30대의 중보병 프린키페Principe을 배치했으며, 뒤에는 가장 경험이 많은 베테랑 트리아리Trialii를 배치해 근위대와 함께 예비대로 활용했다. 그리고 빠른 기병은 보병과 중복되지 않도록 양 측방에서 운용했다. 교전이 벌어지면 중앙의 경보병이 대형을 갖춰 적진을 향해 돌진해 적 진영의 균형을 와해하고, 틈새가 형성되면 중보병을 투입해 돌파구를 확장한다. 이때 측방을 돌파한 기병과 합세해 협격으로 적의 주력을 격파했다. 이렇게 전선이 확대되면 가장 중요한 시간과 장소에 예비대를 투입해 결정적인 전과를 올리고 잔적을 소탕해 전투를 마무리했다.

이런 전투방식을 축구에 비유하면 이렇다. 먼저 측방에 운용되는 기병은 윙Wing이고, 긴 창으로 무장한 가장 전방의 경보병은 포드Forward이며, 풍부한 경험으로 치열한 전투를 담당하는 중보병은 미드필더Mid-Fielder다. 그리고 왕을 호위하는 근위병은 수비수Defender와 골키퍼Goal Keeper이고, 결정적인 시기와 장소에 투입할 예비대는 벤치에서 교체를 기다리는 후보 선수Reserve다. 축구가 군사훈련에 이용됐으니 축구와 전투가 비슷하고, 당시의 전투편성을 축구에 응용한 것은 지극히 당연하다. 오히려 다르다면 이상한 것이다.

독일, 이탈리아, 스페인, 잉글랜드 등은 유럽에서 세계를 무대로 활약했던 강대국들로 축구에도 일가견이 있는 세계의 축구강호들이다. 이들의 축구 스타일을 보면 과거의 전쟁스타일의 일면을 짐작할 수 있다. 그래서 한때 세계를 호령했던 군대나 독립을 이끈 전

78) 판저Panzer는 2차 세계대전을 준비하면서 독일이 제작한 전차로 급강하폭격기 Stuka와 함께 전격전의 주력이자 상징이다.

쟁 영웅과 관련된 별칭을 많이 사용한다. 독일은 2차 세계대전 당시 서부 유럽을 번개처럼 석권했던 전격전Blitzkrieg을 이끈 '전차군단' 또는 '판저군단78)'으로 불리고, 잉글랜드는 십자군 전쟁을 승리로 이끌었던 정복왕 리처드 왕을 상징하는 국장을 본 따 '삼사자 군단'을 사용한다. '아주리Azzurri 군단'은 이탈리아의 통일을 이끈 사보아Savoy 왕가의 상징색이다. 스페인은 앞서 언급한 전통 상징색에서 '붉은 군단'이란 별칭이 있지만, 이보단 역사상 가장 강성했던 '무적함대'를 더 선호한다. 네덜란드의 '오렌지 군단'도 독립을 지켜낸 왕가의 상징색에서 따 온 것이다. 스트라이커는 '폭격기'나 '킬러'로 불리고, '강팀을 격침'시키거나 '약팀에 침몰'되기도 한다. 중요한 경기에서 이기면 우리는 지명에 '대첩'을 붙이지만, 외국에선 더 심한 '학살'이나 '살육', 심지어 '토벌'이라는 용어도 서슴지 않고 사용하기도 한다. 분명 전쟁은 아니지만 이렇게 많은 전쟁 용어를 인용Analogy 또는 은유Metaphor하는 건 축구가 전쟁만큼 치열한 경쟁 속에 있다는 의미다. 축구를 설명할 때 가장 비슷한 영역은 '전쟁'인 셈이다.

세계 강호들의 별명에서 알 수 있듯이 그 나라의 축구 스타일은 고유의 전쟁방식을 많이 닮아 있다. 축구의 전투성을 이해하고 어떤 전쟁 스타일이 먹힐 것인지를 지켜보는 것도 흥미로운 관전 포인트가 될 것이다.

❶ 독일 전차군단

독일은 명실상부한 유럽 최대 군사강국으로 군림해 왔다. 그러나 서부 유럽의 중앙에 위치해 늘 서부의 프랑스와 동부의 러시아를 동시에 대비해야 하는 '양면전쟁의 딜레마'를 가지고 있었다. 이런 환경에서는 자체 화력과 방호력을 가진 전차의 속도 중심의 전법 '전격전Blitzkreig'을 바탕으로 러시아 동원 이전에 서부전선을 평정하고, 전력을 전환해 동부전선을 장악하는 전략을 수립했다. 그 결과 덴마크, 노르웨이, 벨기에를 불과 18일 만에 무력화하고, 프랑스 파리를 40일 만에 점령했다. 독일 대표팀의 별명은 여기서 비롯됐다. 전광석화 같은 독일군의 전법은 빠르고 강렬하며 선이 굵다. 적의 강점은 피하고, 적의 배비가 가장 약한 접근로를 따라 강력한 주력을 집중해 적의 중심重心을 제압한다. 독일 축구도 마찬가지다. 좁은 지역에서 화려하고 아기자기한 플레이와는 거리가 멀다. 우선 아리아 민족의 건장한 체격과 지칠 줄 모르는 전차처럼 강인한 체력이 강점이다. 두 번째로 중요한 건 전격전과 독일축구가 공통적으로 가진 빠른 공격력이다. 눈으로 보고도 골을 허용할 수밖에 없는 대응 불가한 플레이가 장점이다. 여기에 군대처럼 잘 짜여진 조직력으로 상대를 시종일관 압박한다. 유럽에서 8번이나 월드컵 결승에 올라 4번의 정상을 차지한 건 결코 우연이 아니다. 개인적으론 전쟁을 닮은 축구의 특성을 가장 잘 최적화시킨 스타일로 평가하고 싶다.

❷ 이탈리아 아주리군단

독일이 중세 이후 강대국이었다면, 이탈리아는 고대의 강대국이다. 잘 아는 바와 같이 "이탈리아 반도의 생김새는 장화가 아니라 축구화 같이 생겼다"고 우길 정도로 축구에 대한 자부심이 강하다. 이탈리아는 로마시대부터 축구를 군사훈련 종목으로 채택해 세계 제국을 건설했던 로마인의 피가 흐르고 있다. 이에 월드컵에서 독일 다음으로 결승에 많이 진출해 4번의 우승과 두 번의 준우승을 차지한 바 있다. 독일이 공격형이라면, 이탈리아는 그 반대다. 이탈리아 하면 떠오르는 전술은 '카데나치오Cadenacio'로 알려진 '빗장수비'다. 수비형 미드필더 한 명을 추가해 포백을 두고 그 뒤에 최종 수비수로 하여금 골문을 더욱 단단하게 잠그는 포메이션이다. 이를 활용해 1970년대 후반부터 1980년대를 휩쓸었다. 물론 이 배경에도 전쟁의 흔적을 엿볼 수 있다. 이미 고대 로마는 주변의 민족들과는 견줄 수 없는 강한 군대를 가지고 거대 제국을 구축했음에도 불구하고, 칸네Cannae를 비롯한 몇몇의 뼈아픈 패배의 기억이 있다. 심지어 훈족에게 밀려나 유입된 고트Goth족의 기병에게는 맥도 추지 못하고 애써 점령한 땅을 내줘야 했다. 찬란한 제국의 역사는 후손들에게 창업創業보다는 수성守成에 더욱 힘쓰라는 메시지를 남겼는지도 모른다. 그리고 중세에 들어서면서 밀라노, 피렌체, 나폴리, 제네바 공국 등 여러 도시 중심의 시스템도 무시하지 못한다. 작은 도시 국가들은 힘이 약했기 때문에 인접한 외부의 침략에 대비하고 생존을 지키는 것이 급선무였다. 이런 전통은 지지 않는 경기를 강조하는 이탈리아 축구와 맥을 같이 한다. 원칙과 기본을 충실히 하면서 상대 공격을 막아내다가 전열이 흐트러지면 빠른 역습으로 승부를 결정 짓는다. 화려하지 않고, 독일만큼의 무게감을 느낄 수 없지만, 아주 기민하고 영악하다. "가장 아름다운 축구는 0:0의 축구다!"라는 축구 속담이 이탈리아 축구의 성격을 대변해 준다.

❸ 스페인 무적함대

2008년 유로대회 우승으로 두각을 나타낸 스페인은 2010년 월드컵과 2012년 유로 대회까지 3연승의 위업을 달성하며 최고의 전성기를 누렸다. 스페인 축구는 앞서 소개한 다른 나라들과는 전혀 다른 스타일의 축구를 구사한다. 세계사 가운데 한때 별명처럼 세계열강들과 어깨를 나란히 했지만, 이 시기를 제외하면 대체로 약소국의 위치에 있었다는 사실에 주목해야 한다.

스페인은 대체로 중원에서부터 상대를 압박해 탄탄한 개인기를 바탕으로 짧고 정확한 패스에 의한 점유율 축구에 능통하다. 이런 스타일에서 화려한 개인기는 중요한 요소다. 이런 경향은 최고 40도에 육박하는 이베리아 반도의 덥고 건조한 날씨와도 관계가 있다. 이런 날씨는 선수들에겐 여간 스트레스가 아닐 수 없다. 자연스럽게 체력 소모를 줄이면서 잦은 패스를 통해 상대를 지치게 하는 게 바람직하고, 전체보다는 좁은 지역에서의 협력 플레이가 효과적이다. 체력 소모가 많은 일반적인 유럽 스타일과는 전혀 다른 느낌이다. 지리나 기상이 주는 영향 말고도 외침으로부터 조국을 지켰던 전쟁방식도 스페인 축구에 매우 중요한 의미를 갖는다.

1808년 유럽 전체가 나폴레옹군에 벌벌 떨고 있을 때, 스페인은 인접한 포르투갈과 바다 건너 잉글랜드와 손잡고 결전을 택했다. 그러나 결과는 일방적인 패배였다. 정규전에서 패배한 군인들과 자발적으로 일어난 민병대는 함께 숲속과 민가로 숨어 들어가 이동하거나 잠자는 프랑스군을 급습했다. 정규군은 우세했지만, 게릴라전에는 익숙하지 않았던 프랑스군은 하는 수 없이 항복을 선언하고 회군해야만 했다. 이런 전쟁방식은 로마군과 독일군을 상대할 때도 사용한 전통의 싸움방식이었다. 대부분의 유럽 국가들이 강한 체력과 조직력을 근간으로 하는 정규전 스타일이라면, 스페인은 전통적으로 개인기 위주의 게릴라[79] 전법에 능한 팀이다. 같은 이베리아 반도의 포르투갈 역시 스페인과 비슷하고, 대부분 스페인과 포르투갈의 지배를 받은 남미가 이들과 비슷한 축구 스타일을 가지고 있다.

> [79] 더군다나 '게릴라'는 스페인어에서 유래했다. 스페인에선 정규전은 '게라 Guerra', 비정규전은 '게리야 Guerrilla'로 부른다. 전자는 군복을 입는 군인들이 싸우는 전쟁이고, 후자는 군복을 착용하는 비非군인들에 의한 전쟁을 의미한다. 어원상 정규전과 비정규전의 구분은 군복의 유무인 셈이다.

❹ 잉글랜드 삼사자군단

잉글랜드는 명성에 비해 성적은 좀 실망스럽다. 그들의 플레이는 전통적으로 '킥 앤드 러시Kick-and-Rush'를 기본으로 한다. 잉글랜드는 대륙에 속하지 않은 섬나라로 스페인처럼 독특한 날씨에 영향을 많이 받는다. 일 년 내내 낮은 온도에 높은 습도, 안개가 자주 끼고 비가 많이 온다. 시야 확보도 어렵고 경기장은 질퍽거리기 일쑤다. 이런 환경에선 당연 체력 소모가 많은 개인기보다는 차고 달리는 단순한[80] 경기운영이 유리하다. 강인한 체력을 바탕으로 짧은 패스보다는 롱 패스에 의한 박력 있는 축구가 잘 어울린다. 또한 로마나 바이킹 말고는 외부 침략을 거의 받지 않고 '힘의 균형자'로 군림해왔던 안주 역사는 축구 발전에 도움이 되지 못했다. 독불장군 같은 축구 종주국의 자존심 때문에 다소 폐쇄적이라는 평이 많다. 세계 최초를 너무 강조해, 잉글랜드 축구협회는 'FAFootball Association'로 표기하고, 세필드 FC의 별명도 그냥 'The Club'이다. 이뿐이 아니다. 2006년 취임한 '스티브 매클래런Steve McClaren' 감독이 유로 2008 대회를 위해 전통적인 전술인 '4-4-2' 대신 '3-5-2' 전술을 채택하려다 매서운 비난을 견뎌야 했다. 결국 연이은 부진으로 팀은 예선에서 탈락했고, 감독은 경질되는 상상 이상의 나라다. 오늘날 세계 축구는 미드필더를 강화하고, 전방 공격과 수비라인의 간격을 축소하는 압박축구가 대세다. 이를 위해선 엄청난 체력이 필요하고, 동시에 고도의 조직력을 요구한다. 그러나 잉글랜드는 이런 세계 추세를 부정한다. 1970년대 토털축구 이후 빗장수비, 리베로, 3-5-2 전술과 압박축구 등으로 이어지는 세계 각국의 노력과 시험을 외면한 '축구 섬나라' 같은 느낌이다. 한마디로 축구 종주국의 명성과 세계 최고 인기 있는 프로축구 리그 등에도 불구하고, 메이저 이벤트에선 늘 '만년 다크호스'에 머물고 있다.

[80] 혹자는 '킥 앤드 러시'는 잉글랜드인들이 단순한 것을 좋아하는 국민성을 잘 반영하는 전술로 여러 스포츠에서 볼 수 있다고 분석하기도 한다.

3 축구로 전략·전술을 연습하다

축구에서 승리하기 위한 전략과 전술은 언제부터 사용했을까? 정확하진 않지만, 대략 기원전 5세기경으로 추정한다. 전략戰略; Strategy은 장군이나 장군의 術術을 의미하는 '스트라테고스Strategos'나 '스트라테지아Strategia'에서 유래했고, 이보다 하위 개념인 전술戰術; Tactics은 전투부대Taxi를 '배열하다(to array)'는 의미의 '탁티코스Taktikos'에서 나왔다. 정리하면, 장군의 싸우는 지략인 전략에 따라 가용 전투력을 운용하는 방법이 전술인 셈이다. 전쟁방식을 닮은 축구에 유익한 전략·전술을 전쟁에서 찾아보는 건 어떨까? 이와 관련한 선행 연구에 의하면, "운동경기를 지도함에 있어 군사이론과 비교 설명하고 실전에 활용해 매우 유익한 결과를 얻을 수 있었다. 그래서 축구를 지도하는 감독들은 군사이론을 통해 많은 것을 얻을 수 있을 것[81]"이라며 현대 스포츠에서 군사이론의 유용성을 피력한 바 있다. 개인적으로는 완전 공감한다.

1차 세계대전이 끝난 후, 독일군의 공격을 성공적으로 방어한 경험에 매몰된 프랑스는 방어지상주의에 빠져 있었다. 50억 프랑을 들여 독일과 인접한 국경지역에 에스컬레이터, 컨베이어 시스템 등이 설비된 최첨단의 방어선 '마지노 라인

---

[81] 나영일·이동철의 논문 '손자병법의 스포츠에로의 적용가능성 탐색(2000년)'과 크리스토프 바우젠바인Christoph Bausenwein의 저서 <축구란 무엇인가(2010)>를 참고해 재작성했다. 여기서 군사이론이란 손자병법Art of War과 클라우제비츠Carl von Clausewitz의 전략론On War을 말한다.

Maginot Line'을 구축했다. 반면 독일은 전쟁 막바지에 투입된 전차의 활용성에 주목했다. 자체 방호력과 기동화된 화력을 갖춘 전차의 충격력을 배가하고, 폭격기, 포병, 보병 등을 포함한 기계화 전투단을 편성해 과감한 '전격전電擊戰; Blitzkrieg' 개념을 도입했다. 반면 전차를 개발하고 운용교리를 완성했던 연합군은 오히려 반대였다. 전차의 잠재력을 보지 못하고, 전차를 방어전선에 배치해 고정된 직사화기 정도로만 활용한 것이다. 결과는 뻔했다. 심지어 양 군의 전력이 비슷했음에도 불구하고, 초기 전역의 승부는 독일군의 압승으로 끝났다.

전차를 둘러싼 수뇌부의 회고는 시사점이 많다. 히틀러는 "내가 진정 원하고 필요했던 것"이라며 흥분을 감추지 못했지만, 처칠은 "우리들이 발명한 전차에 철저히 유린당했다!"며 한숨지었다. 필승을 위한 전략·전술은 아무리 강조해도 지나침이 없다. 이제부터 축구에 유용한 전쟁원칙 몇 가지를 소개하고자 한다.

❶ 피아(彼我) 분석에서 시작하라

전략수립의 핵심은 '나'와 '상대'에 대한 이해로부터 시작된다. 이것이 전제되지 않으면 참담한 결과를 감수해야만 한다. 약자는 강자와 상대하는 차별화된 전략에 힘써야 한다. 반면 강자라 해서 전략에 소홀해선 안 된다. 적은 늘 내부에 있는 법이어서 과거 성공을 경계하면서 스스로 혁신革新에 집중하는 전략이 필요하다. 피아의 강약점을 알면, 상대의 강점을 묶어 두고, 나의 강점으로 상대의 약점을 타격하는 게 가능해진다. 1차 세계대전 말 베르됭Verdun 전투에서 독일군의 공격을 막아낸 프랑스는 방어에 치중했다. 그 결과 등장한 마지노라인은 연합군의 수호신이 되어줄 것 같았다. 위쪽의 벨기에 방어선까지 고려하면 빈틈은 없었다. 굳이 있다면 두 방어선이 만나는 곳의 울창한 삼림지대로 연합군은 절대 전차가 기동할 만한 공간이 되지 않는다며 대비가 소홀했다. 그러나 실제 독일군의 전차는 이리로 집중했다. 적이 원하는 시간과 장소, 방법으로 싸우는 건 패배의 지름길이다.

남아공 월드컵에서 허정무 감독은 본선에서 상대할 그리스의 전력 탐색을 위해 영상분석팀을 데리고 연습경기장까지 날아가 분석과 대비책을 세웠다. 반면, 2004년 유로대회에서 우승한 경력이 있는 그리스는 여기에 소홀했다. 그리스는 대한민국과 첫 경기를 대비해 북한과 연습경기를 가진 게 전부였고 그 이상의 전력 분석은 없었다. 경기 전 기자회견에서 징조가 있었다. "한국 축구에 대해 잘 모르고 있지만, 북한과 비슷한 팀 정도로 알고 있다." 주장의 인터뷰다. 경기는 피아분석을 통해 상대의 강점을 철저히 봉쇄하고, 기습적으로 허를 찌른 약자의 승리였다. 이 경기로 누구나 예상했던 그리스의 진출은 좌절되고, 대한민국은 처음으로 원정 16강에 올랐다. 브라질 월드컵에선 러시아가 똑같은 실수를 범했다. 카펠로 감독은 인터뷰에서 "러시아는 최상의 준비를 해왔고, 이미 한국과 평가전을 치른 적도 있다. 굳이 한국 선수의 이름까지 알 필요는 없고, 특징만 알면 된다"고 자신감을 보였다. 선수들 역시 "한국과 러시아는 수준 차이 때문에 적수가 되지 않는다"는 분위기였다. 그래서일까? 예상 밖의 중거리 슛에 골키퍼는 당황했는지 어이없는 실수로 실점했고 더 이상의 득점 없이 무승부로 마쳤다. 그리스나 러시아 모두 대한민국보다는 강자지만 실력만 믿고 상대 분석에 소홀하다면 그 결과는 재앙이 될 수 있다.

어떤 상대와 싸워야 하는지를 알고 강·약점을 살피는 건 싸움의 기본이다. 손자병법엔 "나와 적을 알면 위태로움이 없다(지피지기백전불태知彼知己百戰不殆)"고 했다. "물은 높은 곳에서 낮은 곳으로 흐르듯이, 상대의 강점을 피하고 약점에 집중해야 한다(수지형피고이추하水之形避高而趨下 병지형피실이격허兵之形避實而擊虛)." 이것이 전승戰勝의 핵심이다.

❷ 나와 상대를 아는 것 외에 환경도 중요하다

러시아는 천연자원이 풍부한 넓은 영토 때문에 잦은 침략을 받았지만 대부분은 성공하지 못했다. 나폴레옹은 45만의 대육군을 진두지휘해 모스크바에 입성했으나 고양이까지 잡아먹으며 간신히 빠져 나왔다. 판저군단을 앞세운 히틀러도 동토凍土의 땅에서 군마軍馬까지 잡아먹으며 버티다 끝내 항복하고 말았다. 위기의 순간 러시아를 구한 건 충성스런 붉은 군대 말고도, 동장군과 진흙장군이 있었다. 전형적인 대륙성 기후에 짧은 여름, 춥고 긴 겨울, 험한 지형은 낯선 공자에겐 불리하고, 익숙한 방자에겐 유리하다. 가급적 적을 넓은 영토 안으로 깊숙이 끌어들인다. 게다가 평시 최소 상비군을 두고, 적의 침략을 받으면 넓은 영토로 흡수해 약화시키면서 예비전력을 동원해 결전을 도모한다. 이른바 공간과 시간을 교환하는 '초토화Scorched Earth' 전략이다. 거친 환경을 이용해 싸우는 방법이다.

남아공화국 월드컵은 여러 측면에서 생소했다. 한창 여름인 우리와는 달리 겨울이어서 대회기간 중 체감온도는 영하를 밑돌았다. 이보다 더한 건, 경기장 해발고도다. 전체 10개 경기장 가운데 해발고도 1,000미터 이상이 무려 6곳이고, 가장 높은 곳은 1,753미터나 된다. 한라산 정상에서 경기하는데 아무런 준비가 없다면 결과는 뻔하다. 높은 고도는 심장과 신진대사에 악영향을 미친다. 지대에서 90분은 평지보다 두 배 이상의 체력소모를 수반하고, 회복도 어렵다. 아무리 좋은 기회가 생겨도 또는 실점의 위험한 순간에도 생각처럼 몸이 움직이지 않는다. 천박지축 축구공, '자블라니Jabulani' 도 한몫했다. 역대 월드컵 공인구 가운데 가장 가볍고, 구球에 가까우며 탄력이 좋다는 평가를 받았다. 특히, 표면에 돌기를 만들어 공이 미끄러지지 않고, 날아가는 궤적의 안정성을 높일 수 있다고 했다. 그러나 선수들은 달랐다. 골키퍼는 여느 때처럼 슈팅을 잡으려다 실수가 많아지자, 손이나 주먹으로 쳐내는 일이 많아졌다. 아프리카 전통악기 '부부젤라Vuvuzela'도 예사롭지 않았다. 127데시벨의 부부젤라 소리는 의사소통을 제한하고, 사소한 것에도 짜증을 내게 돼 경기력에 영향을 미쳤다. 잘 대비하지 않으면 심리적으로 위축되기 쉽고, 이제껏 잘 꾸려 왔던 팀웍도 와해돼 결국 졸전을 거듭하다 파국을 맞이하게 된다.

인간이나 동물은 늘 익숙한 것에 길들여져 있다. 경험 많은 사냥꾼은 사냥감의 습성을 잘 알고 있어야 한다. 멧돼지가 다니는 길에 매복하여 잡거나 고래를 발견하면 일단 새끼를 잡은 연후에 어미를 사냥한다. 이런 관성Inertia은 한두 해에 만들어진 것이 아니라, 오랜 시간 본능과 거듭된 습관으로 체득된 것이어서 쉽게 바뀌지 않는다. 변화나 혁신이 어려운 이유다. 그러나 환경이 바뀌었다면 얘기는 달라진다. 변화에 적응하는 것을 소홀히 한다면 결과는 불을 보듯 뻔하다. 전략의 기본이 나와 상대에 대한 이해와 분석에서 시작되지만, 그 완성은 환경적 요인을 고려하는 디테일에 있다. 손자의 말이다. "나와 상대를 알면 싸움에 위태로움이 없고, 시간과 공간에 최적화된 전략이어야 비로소 승리를 온전히 할 수 있다(지천지지승내가전知天知地勝乃可全)." 나의 강점을 시간과 공간에 조화시켜 적의 약점에 투사하는 것이 중요하다.

❸ 적의 강점을 묶어라.

전장에선 솔직하고 정직하면 안 된다. 적이 나의 행동을 정확히 예측해 대비한다면, 그동안 기울인 노력은 실패하고, 비록 성공하더라도 심각한 피해를 감수해야 한다. 기만欺瞞작전이 필요한 이유다. 그래서 필연적으로 적으로 하여금 나의 의도를 모르게 하거나, 잘못 알게 하는 노력이 선행돼야 한다. 군사작전엔 여러 형태가 있지만, 가장 보편적인 건 조공이 주공인 것처럼 맹렬하게 전투를 함으로써 적의 관심과 전력을 끌어들이면 비로소 주공이 공격해 보다 쉬운 승리를 할 수 있다. 사막의 폭풍작전에선 공중 폭격으로 적의 전력을 약화시킨 뒤, 먼저 해병대로 하여금 오른쪽 해안으로 기습 상륙작전을 감행하자, 이라크군의 대부분은 이 방향을 대비했다. 그러나 실제로는 이라크의 배후로 크게 우회한 보병부대(제18공수군단과 제7군단이 주축)가 주공으로 공격함으로써 100시간 만에 작전을 종결할 수 있었다. 통상 주공 투입 전까지는 조공의 역할이 더 중요하다.

드리블 가운데 상대를 제치기 위해선 반대 방향으로 거짓 몸짓으로 상대를 속이는 기술을 페인팅Fainting이라 한다. 한일 월드컵에서 이영표 선수의 화려한 '헛다리짚기 드리블'을 생각하면 된다. 이처럼 나의 의도를 오판하게 하는 노력이 필요한데, 이를 위해선 패스를 받지 않는 선수들의 움직임이 중요하다. 상대의 관심을 끌어야 한다. 브라질 월드컵에서 일본은 선제골을 넣고도 아프리카 최고의 공격수 디디에 드록바Didier Drogba 선수 때문에 두 골을 연속으로 내줘 지고 말았다. 후반 중반에 투입된 그는 존재 자체로 위협적이었다. 그의 움직임에 민감하게 반응한 수비진은 이중으로 마크해야 했고, 수비에 허점이 드러나기 시작했다. 마침내 코트디부아르에 기회가 생겼다. 경기는 뒤집어졌다. 이때 그의 나이 36살로 우리나라에선 은퇴할 나이로 그리 민첩하지 않았고, 골도 넣진 못했지만, 그는 상대를 흔들었고, 수비의 주의를 끌어내 허점을 유인했다. 기막힌 조연이었다.

손자는 지는 장군은 일단 싸움부터 걸어 놓고 이길 방법을 강구하지만(선전이후구승先戰而後求勝), 이기는 장수는 싸우기 전에 미리 이길 수밖에 없는 여건을 조성하는 데 힘쓴다고 했다.(선승이후구전先勝而後求戰) 이미 눈치 챘겠지만, 이 원칙은 다음에 소개할 결정적 기회(배후 노리기)를 만들기 위해 반드시 선행되어야 하는 조건이다.

❹ 다수(多數)로 소수(少數)를 격파하라

알렉산드로스, 칭기즈칸, 나폴레옹 등 여러 전쟁영웅들은 모두 이 원칙에 입각해 승리를 얻을 수 있었다. 18세기 프랑스 혁명 정신을 두려워한 유럽의 열강들은 거대한 대불동맹對佛同盟의 포위망 안에 프랑스를 고립시켰다. 이에 나폴레옹은 늘 수적 열세의 불리한 상황에서 전투를 치러야 했다. 고심 끝에 그가 내놓은 결정은 적의 포위망을 벗어나는 것이 아니라, 오히려 그 안으로 들어가서 싸우는 것이었다. 핵심인 즉, 서로 떨어져 있는 적들이 한 곳에 연합하기 이전에 하나씩 각개격파各個擊破하는 이른바 '내선작전內線作戰'이었다. 이를 위해 두 가지가 필요했다. '속도'와 '경량화'였다. 충분히 빠르지 않다면 3~4개국의 군대가 연합하기 전에 격파하기 어렵고, 빠른 속도를 위해선 군대의 보급과 개인 군장의 무게를 줄여야 했다. 오늘날 통조림의 조상인 병조림이 발명된 배경이다. 결국 전체 수는 부족했지만, 결정적 국면에선 다수의 전력으로 승리할 수 있었다.

현대 축구는 1970년대에 등장한 '토털 축구 Total Football[82]'의 흐름 속에 있다. 전형적인 '4-4-2'나 '4-3-3' 포메이션에서 수비나 공격에 발생하던 잉여선수를 가담시켜 전방부터 압박하고 수비의 공격가담을 늘리는 개념이다. 이를 위해선 볼을 중심으로 수저 우위를 확보하는 개 중요해 진다. 남아공 월드컵에서 가장 큰 이변의 주인공은 우승팀 스페인을 역습 한 방으로 침몰시킨 스위스다. 볼 점유율 63%대37%, 슈팅수 24대8. 이 숫자가 말해주듯이 경기는 스페인의

[82] 우리에겐 '토털 사커 Total Soccer'라는 일본식 표현으로 더 많이 알려져 있다.

일방적인 공격으로 전개됐다. 하지만 스페인의 호화 공격진은 압도적인 우위에도 불구하고, 끝내 알프스 첩첩산중 같은 스위스의 방어망을 뚫지 못했다. 스페인의 소나기 공격을 전원수비로 견뎌낸 스위스는 후반 7분에 역습의 기회를 잡았다. 단 두 번의 패스로 최전방 공격수와 골키퍼가 맞선 상황에서 둘은 충돌했고, 흘러나온 볼을 따라 들어가던 동료 선수가 골로 연결시켰다. 스위스는 우승팀 스페인에게 유일한 패배를 안겨 준 바로 그 팀이 됐다. 운도 좋았지만 포기하지 않고, 그 결정적인 시간과 장소에서 상대적 우위를 유지했기 때문이다.

"여하한 경우일지라도 다수多數는 소수少數를 이긴다"는 나폴레옹의 말은 진리 중의 진리다. 적보다 강하면 당연히 유리하다. 그러나 자칫 이를 잘못 해석하는 경우가 많다. '여하한 경우'란 '비록 절대 수가 부족한 상황'을 포함하고 있고, 다수는 단순한 수의 많음을 말하는 게 아니라 전체 수는 부족해도 결정적 시기·장소에서 '상대적 전력발휘의 우위'를 달성함을 말한다. 이를 위해 앞서 강조한 적으로 하여금 나의 의도를 모르게 또는 오판하게 해 내가 원하는 결정적 국면을 유리하게 만드는 게 필요하다.

❺ 배면효과(背面效果)를 이용하라

우리의 눈은 물체를 식별하기 어려운 주변시를 제외하면, 대략 100도 범위만을 볼 수 있다. '배면효과背面效果'는 이런 한계를 이용한 개념이다. 상대를 공격할 때는 정면에 비해 측면이 유리하고, 배후가 된다면 효과는 더욱 배가된다는 의미다. 게다가 배후엔 통상 지휘통제시설과 보급시설 등이 있어 '중심重心; Center Of Gravity(COG)'이 위치한 곳이어서 피아가 반드시 보호해야 할 대상이다. 이에 당연히 나의 모든 역량을 집중해야 한다. 적 부대를 격파하기 보다는 적의 지휘체계와 전쟁 지속능력을 와해시킨다면 최소의 노력과 희생으로 작전의 목적을 달성할 수 있다. 따라서 일단 배후를 공격할 수 있다면 중심을 무너뜨려 쉬운 승리가 가능해진다. 미국은 이라크를 공격하기 위해 지상군을 투입하기 전에 흑연폭탄을 사용하여 이라크의 송전시설에 기능고장을 유발하였고, 이라크는 전력 공급이 끊긴 채로 전쟁을 치르게 되었다. 그리고 미군에게는 야간에도 주간처럼 볼 수 있는 적외선장비를 지급했다. 정밀한 폭격을 통해 이라크의 핵심 중추시설(key node)이나 취약한 대상을 무력화함으로써 국가와 군의 지휘통제체계를 마비시켰다. 이런 선행 작전이 성공한 후에야 지상군을 투입해 큰 희생 없이 단 100시간 만에 이라크의 항복을 받아 냈다. 적의 정면보다는 배후를 노려야 그 효과가 크다.

    축구에도 배면효과는 있다. 일반적으로 득·실점 상황은 수비수의 정면보단 배후에서 발생하다보니 대부분의 전략과 전술이 여기에 집중된다. 그러므로 철벽 수비의 원칙은 단 하나, 볼과 나와 골대를 일직선상에 두는 것이다. 이론적으론 이 원칙만 지키면 실점 확률은 거의 없다. 볼이 있는 주변의 긴장도는 극에 달하지만, 이 외 지역은 느슨해진다. 볼에서 멀수록 이 현상은 두드러지기 때문에 수비수의 뒤에서 움직인다면 더욱 효과적이다. 전혀 기회가 없을 것 같은 상황에서 배후로 침투하는 제2선의 움직임이 유효한 이유다. 남아공 월드컵에서 브라질은 피파 랭킹 105위의 북한과 줄곧 힘든 승리를 얻었다. 많은 득점 기회에도 이를 살리지 못하는 상황에서 팀을 구한 건 상대 진영을 가로지르는 30미터 패스Through Pass였다. 7~8명의 공격수와 수비수가 혼재된 사이를 관통하는 패스가 이루어졌고, 논스톱으로 골네트를 갈랐다. 그것도 공중이 아닌 땅볼로 연결했다는 점은 브라질다운 클래스의 플레이였다. 브라질 월드컵에서도 주목할 만한 장면이 있다. 정확한 패스에 의한 점유율 축구를 자랑하는 스페인을 무너뜨린 네덜란드의 공격전술은 탁월했다. 빠른 공격수를 이용해 단 번에 최종 수비수의 뒤 공간으로 연결해 무적함대를 침몰시켰다. 미드필드에서 공을 잡거나 측면을 돌파하면, 빠르게 최종 수비수 뒤로 침투하는 로빈 반 페르시 Robin Van Persie나 아르엔 로벤Arjen Robben에게 연결해 결정적 기회를 만들었다. 그 누구도 디펜딩 챔피언 스페인의 대패(1대5)를 예상하진 못했다. 무적함대를 침몰시킨 건, 아주 간결한 몇 번의 터치로 수비수의 배후를 공략하는 단순하면서 가장 효과적인 전술 때문이었다.

   손자는 싸우지 않고 이기는 '부전승不戰勝'이 최상이지만, 싸움을 피할 수 없다면 쉽게 승리하는 '이승易勝'이 중요하다고 강조했다. 치열한 전투로 인한 전력소모를 줄이면서 장기전에 대비하기 위해선 상대적인 전력운용의 묘가 필요하다. 나의 전력을 지향하는 방향이 가급적 적이 예상하지 못하는 곳이어야 하고(출기불의出其不意), 상대의 배비가 가장 적은 곳이 되어야 한다(공기무비攻其無備) 역시 손자병법의 핵심 중 하나다.

❻ 예비대를 적절히 활용해 결정적 전투를 구상하라.

축구의 '선수교체'는 '결정적 국면에 투입하는 예비대'다. 전쟁의 역사에는 예비대의 투입시기와 규모, 작전 형태에 따라 승패가 좌우되는 사례가 많다. 예비대는 공자나 방자 모두가 공통적으로 가질 수 있는 결정적 한방이다. 1879년 남아공에서 벌어진 줄루족과 영국군의 록여울 전투의 이야기다. 총이 아닌 창과 방패로 무장하기는 했지만 줄루족 4,000여명에 대항하는 영국군 150여명은 절대 열세였다. 한 명이 아쉬운 영국군은 오히려 방어정면을 줄이는 대신 예비대를 편성해 후방에 배치했다. 줄루족의 대규모 공격에 영국군의 제1선과 제2선의 방어선은 뚫리기 시작했고, 돌파구로는 적의 주력이 몰려들었다. 이제 남은 3선에는 30명 남짓한 예비대와 1·2선에서 살아남은 20여명이 줄루족의 주력을 무찔렀다. 실전이나 훈련 중에도 지휘관은 늘 적정 수준의 예비대를 보유하고 투입할 시기와 장소, 방법을 고민한다.

후보 선수에 대한 인식을 바꿔야 한다. 부상선수를 교체하거나 시간 벌기 또는 상대 흐름 끊기 정도론 부족하다. 교체선수는 우월한 체력과 집중력으로 추가 골이나 동점 또는 만회골을 기록하면서 일대 반전을 유도하기도 한다. 물론 정 반대의 결과를 얻기도 한다. 한 경기에 허용되는 3명의 교체선수는 상대 입장에선 지금까지 길들여 있던 패턴과는 전혀 다르기 때문에 애를 먹는다. 반면 아무리 잘 하는 선수라도 지금껏 맞춰 온 팀워크에 오히려 방해만 될 수도 있다. 양날의 검 같은 선수교체에 있어 시기와 포지션, 교체 후 전략변화 등을 종합적으로 신중하게 고려해야 한다. 남아공에서 아르헨티나와 나이지리아 전에서 교체 투입된 우리 선수는 제 역할을 하지 못했다. 여러 차례의 패스미스로 경기 흐름이 엉망이 돼 버려 혼란을 초래했다. 결국 결정적인 실수로 실점까지 허용했다. 통상 축구에선 교체 전담 선수를 두진 않는다. 통상 한두 번의 시험에서 잘 하면 주전으로 발탁해 버리기 때문이다. 상대와 상황에 따라 교체 선수와 전략을 사전에 정해두는 게 필요하다.

현대 축구는 점점 교체선수의 역할에 주목하고 있는 추세다. 최근 월드컵을 비롯한 세계 메이저 대회의 사례는 이를 입증한다. 브라질 월드컵 본선에서 터진 전체 171 골 가운데 20%에 해당되는 32골을 교체선수가 만들었다. 심지어 결승전에서 우승골은 교체 투입된 176cm의 단신 미드필더 마리오 괴체Mario Götze의 발에서 나왔다. 측면에서 올린 크로스를 침착하게 가슴으로 트래핑 한 뒤 각도를 줄이려고 나오는 골키퍼의 사이드로 밀어 넣었다. 월드컵 역사상 처음 있는 일이었다. 네덜란드의 루이 판 할Louis van Gaal 감독이 거둔 5승 가운데 절반이 넘는 3승은 교체선수가 넣은 결승골로 얻은 것이다. 특히, 코스타리카와의 8강전에서는 연장 막판에 승부차기 전담 골키퍼로 교체해 승리를 일군 선수교체 전문 감독이다. 월드컵 보다 재미있다는 유럽축구연맹 챔피언스리그 2017-18 시즌 결승전에선 드라마가 연출됐다. 남북정상회담(2차)이 한창이던 일요일 새벽, 챔스 리그만 16번 결승에 오른 스페인의 강호 레알 마드리드와 자국 최다 우승 경력의 잉글랜드의 자존심 리버풀이 마지막 경기를 펼쳤다. 경기는 시적부터 타이트했다. 선제골은 리버풀 골키퍼의 어이없는 실수로 마드리드에게 내줬지만, 이내 동점골

독일의 월드컵 우승을 이끈 괴체(위)와
레알 마드리드의 챔스 리그 우승을 이끈 베일(아래)

을 터뜨리며 분위기는 역전되는 듯 했다. 이때 지단 마드리드 감독의 축이 발동했다. 미드필더 이스코를 빼고 부동의 웨일즈 출신 공격수 '가레스 베일Gareth Frank Bale'을 투입했다. 감동을 용병술에 부응하듯, 측면에서 올린 크로스를 논스톱 왼발 오버헤드킥(일명 바이시클 킥)으로 골을 성공시켰다. 경기장에 들어선 지 불과 3분 만에 벌어진 일이다. 그는 여기서 그치지 않고 10분 뒤 중거리 슈팅으로 쐐기골을 터뜨리며 팀의 리그 3연패, 통산 13번째 우승을 이끈 주역이 됐다. 교체선수가 만든 역사다. 통상 예비대 전담 부대를 고정시켜 운용하는 전쟁처럼, 교체 전담 선수와 전략이 필요한 이유다.

전쟁은 늘 한 치 앞을 분간할 없는 '안개Fog of War' 속이다. 이미 잘 알려진 '불확실성Uncertainty', '비연속성Discontinuity', '난기류Turbulence'와 같은 표현이다. 나의 전력에 예기치 못한 차질이 생기기도 하고, 환경도 변한다. 더군다나 상대가 나와 상반된 의지를 가진 지적知的 존재라면 더욱 그렇다. 세상의 이치가 그렇듯이, 늘 만만한 상대만 있는 게 아니고, 상황도 수시로 변한다. 모든 변화에 대비할 수는 없겠지만, 이를 위해 적정의 여력을 남겨 두는 건 필수다. 그리고 이를 사용하는 시기, 장소, 방법[83]에 관심을 가져야 한다.

83) 군사용어로 '우발계획 Contingency Plan' 또는 '플랜 비Plan-B'라 한다. 플랜 비는 늘 책상에 여러 개의 우발계획을 준비했던 철혈 재상 비스마르크에서 유래했다.

전쟁에는 공격과 방어를 비롯해 다양한 작전 형태가 존재하고 상황과 임무에 따라 전략·전술이 구체화될 수 있다. 여기서 제시한 여섯 원칙은 모든 군사작전에 고루 적용해야 할 내용으로 전승의 원리 〈4Fs'〉가 있다. 우선 전제는 피아의 전력과 전장환경에 대한 분석을 통해 작전에 미칠 유·불리를 파악(to Find : 원칙 ❶·❷)해야 한다. 이 결과를 기초로 적의 강점은 최소한의 전력으로 묶어(to Fix : 원칙 ❸) 두고, 나의 강점으로 적의 약점을 타격해(to Fight : 원칙 ❹·❺) 얻은 성과를 중심으로 전과 확대하여 마무리(to Finish : 원칙 ❻)해야 한다. 이론은 아주 간단하지만, 상대와 상황에 따라 수많은 변수가 있어 적용은 쉽지 않다. 고대부터 군사훈련으로 진화한 축구 방식Way of Soccer이 전쟁 방식Way of War과 닮아 있는 건 당연하다.

HOMO WARRIORS

1 전쟁을 잠재운 검은 예수

2 총구를 맞댄 최전선에서 열린 A매치

3 축구를 통해 영원한 우방(友邦)을 얻다

4 축구 경기 동안은 나의 조국에 총성은 멎을 것

8

전쟁 종결자, 축구

'전쟁 같은 축구' 또는 '축구전쟁' 이야기를 하고 있지만, 꼭 '전쟁 유발자, 축구'만 있는 건 아니다. 반대로 오랜 전쟁을 중단하는 마법 같은 능력을 가진 '전쟁 종결자, 축구'도 있다. 오늘날 세계 곳곳에서 끊이지 않는 전쟁의 악연을 잠시나마 끊어주는 건 정치나 외교에 의해서가 아니다. 축구의 힘은 '반전쟁反戰爭; Anti-War'의 영역에서도 대단하다.

1 축구하는 검은 예수

아프리카 코트디부아르Côte d'Ivoire의 축구 영웅 '디디에 드록바 Didier Drogba'에 대한 이야기다. 그는 2006년과 2009년 아프리카의 올해 선수에 선정됐고, 첼시 시절에는 잉글랜드 프리미어리그 2006-07시즌과 2009-10시즌에서 득점왕에 올랐다. 아프리카 선수로는 처음이다. 터키의 갈라타사라이로 옮긴 후 UEFA 챔피언스리그에서 친정팀 첼시와 다시 맞붙게 되자 매스컴에선 '드록바 더비Drogba Derby'로 부를 정도로 축구에 관한 한 신神이다.

2006년 코트디부아르는 독일 월드컵 아프리카 최종 예선에서 드록바의 활약으로 카메룬을 제치고 사상 처음으로 본선에 올랐다. 그러나 당시 코트디부아르는 북부의 이슬람 세력과 집권층인 남부의 기독교 세력 사이의 갈등이 고조돼, 2002년부터 내전으로 수만 명이 숨지는 혼란 속에 있었다. 주장 드록바는 TV 카메라 앞에 무릎을 꿇은 채, 마이크를 잡고 입을 열었다. "여러분, 우리 적어도 앞으로 1주일 동안만이라도 무기를 내려놓고 전쟁을 멈춥시다!" 그의 호소는 전국에 그리고 세계에 전해졌고, 위력을 발휘했다. 이로부터 본선 조별 경기를 치르는 동안은 정말 거짓말처럼 내전은 중단됐다. 그리고 2년 뒤인 2007년에 완전히 종식됐다. 축구를 하지 않는 시간이면 그는 연예인보다도 바쁘다. 조국의 가난한 사람들을 위해 '드록바 재단'을 운영하고, 사비를 털어 종합병원을 세웠으며 에이즈 퇴치에 참여하는 등 조국을 위해 헌신한다.

그 누구도 하지 못했던 일을 해낸 드록바의 회고는 진정한 축구인의 자세를 일깨워 주는 것 같다. "전쟁을 멈추고 평화를 가져다준 그 순간이 가장 영광스러운 트로피였다. 내 심장은 언제나 코트디부아르와 함께 뛴다. 내 조국의 주장 완장을 달고 뛴다는 사실만으로도 내 자신이 늘 자랑스러웠다." 사람들은 그를 '드록신' 또는 '검은 예수'로 부른다.

아프리카 최고의 공격수 디디에 드록바

2 총구를 맞댄 최전선에서 열린 A매치

전쟁의 역사를 막론하고 그 어디서도 들어보지 못한 실화가 있다. 때는 1차 세계대전이 한창이던 1914년으로 거슬러 올라간다. 개전 초기 독일은 기습공격으로 벨기에를 함락하고, 프랑스를 공격하기 위해 대규모 포위공격으로 파리를 점령하지만, 마른Marne에서 연합군의 일격에 당하는 바람에 서부전선은 곧 소강상태에 빠졌다. 그해 겨울, 독일과 연합군은 스위스 눌하우스Nulhouse에서 벨기에 니우포트Niuport까지 무려 1,000km에 걸쳐 더 이상 전진도 후퇴도 하지 못한 채 교착상태를 이어가고 있었다. 이런 가운데 벨기에 플랑드르의 이프르Ypres에서 벌어진 전투 중에 생긴 일이다.

1914년 12월 24일, 독일군과 연합군의 청년 병사들은 전쟁터에서 처음으로 크리스마스 이브를 맞이하게 됐다. 멀리서 들리는 포성조차도 종소리처럼 들리는 적막한 밤이었다. 먼저 스코틀랜드군에서 백파이프를 연주하며 캐럴Carol을 부르기 시작했다. 그러자 이번에는 반대 독일 진영에서도 박수를 치며 독일어로 부르는 투박한 캐럴이 돌아왔다. 그렇게 서로 주거니 받거니 하다가, 두 군대는 마침내 잠시 휴전을 하기로 결정하고 철조망과 참호를 넘어 급격히 가까워졌다. 서로의 담배를 나눠 피우며, 프랑스 군인이 와인을 건네고 스코틀랜드 군인은 위스키를 건네자, 독일군은 성악으로 노래를 선사했다. 서로 아내와 가족에 대해 각자의 언어로 이야기하고,

84) 당시 프랑스의 대부분 지역은 독일군이 점령하고 있었기 때문에 프랑스군이 독일군에게 편지를 건넸다.

후방(낭트)에 남아 있는 가족에게 보내는 편지를 전하기84)도 했다. 진지 여기저기를 돌아다니는 고양이를 각자 붙인 이름으로 부르고, 신부였던 스코틀랜드 위생병이 라틴어로 미사를 올렸다.

그렇게 하룻밤이 지나가고 크리스마스가 됐다. 날이 밝자 전투에서 희생당한 전우의 시체를 수습해 묻고는 함께 기도하고, 전대미문의 최전선 축구경기로 시간을 보낸다. 급기야는 "곧 우리 공군이 폭격을 할 예정이 일단 우리 쪽으로 피신하라"며 집단 피난을 도왔다. 이젠 더 이상 적도, 전투도 없었다. 이 소식은 곧 양측의 상부에 보고됐고, 사태를 심각하게 판단한 군 수뇌부는 양쪽 부대를 전선에서 강제 철수시키고, 전혀 다른 전선으로 배치했다. 서로 다른 군복을 입은 군인들과 앉아서 함께 담배를 피우며 서로의 가족들에 대한 이야기를 나누는 모습은 그 후로는 다시 없었다.

85) 고대 그리스 도시국가에서는 2년이나 4년마다 올림픽 같은 제전경기에 참석해 신을 섬겨야 했다. 만약 전쟁으로 인해 참석할 수 없다면, 제전 기간 중 전쟁을 중단하고 경건한 마음으로 신을 추앙하도록 했다. 이를 제우스의 휴전 '이케하리아 Ekecheiria'라 불렀다.

이 기이한 전쟁 중지 사태를 '크리스마스 휴전 Christmas Truce'이라 하고, 이날 벌어진 축구경기를 '크리스마스 축구Christmas Football'라 부른다. 훗날 이 전쟁 실화는 참전 3개국의 합작으로 영화 〈메리 크라스마스Merry Christmas(2007년)〉로 상영되기도 했다. 이 이야기는 필자의 다른 책에서 소개한 그리스 '제우스의 휴전85)'에 이어 전쟁 중 스포츠를 했던 두 번째 사례다.

전쟁터에서 축구라니? 전쟁터에 축구공이 있을까? 많은 궁금증이 생긴다. 1차 세계대전에 참가한 연합군의 부대 물자에 대한 연

크리스마스 축구

위; 1915년 1월 8일자 데일리미러의 사진
 ("British & German Soldiers Photographed Together")
중간; 2007년 프랑스·영국·독일의 합작으로 만든 영화 '메리 크리스마스'의 포스터.
아래; 2014년 5월 18일자 텔레그라프의 삽화
 ("Britons started WW1 Christmas football match with ball kicked from trench")

전쟁 종결자, 축구 241

구를 보면, 어느 부대나 공통적으로 가지고 다녔던 물품이 있다고 한다. 놀랍게도 '축구공'이었다. 전선에 배치돼 적과 싸울 때는 할 수 없지만, 전선에서 철수(통상 전투와 휴식을 교대로 했다)할 때는 축구가 필수였다는 얘기다. 1917년 당시 영국군의 후방캠프의 일과를 보면, 오전엔 군사훈련을 했지만 오후엔 단체경기를 주로 했다. 병사들은 축구를 즐겼고, 장교들은 럭비를 했으며, 여건이 되면 크리켓도 했다는 기록이 있다.(존 엘리스John Ellis의 저서 〈참호에 갇힌 제1차 세계대전(1989년)〉을 참조해 재작성했다) 전시 군사훈련으로써 축구를 포함한 집단 스포츠의 가치를 설명하는 귀중한 실증 자료다. 그러나 전장에서 하는 축구에는 이보다 더 중요한 의미가 있다. 적어도 축구하는 동안[86]은 전쟁의 두려움과 공포로부터 자유로울 수 있고, 절망적이고 염세적인 생각을 떨칠 수 있게 도와준다. 과연 전쟁 상황에서 10~20대의 혈기 왕성한 청년들이 그 작은 울타리 안에서 할 수 있는 게 많지 않았음을 생각해 본다면 공감할 수 있을 것이다. 축구공은 전사 기질을 유지시켜 자신을 보호하고, 전승을 도와주는 생명줄 같은 존재다. 영화 〈적벽대전〉의 '진중陣中 츄슈'도 마찬가지다.

---

86) 물론 전장에서 축구로 모든 문제를 해결할 수 없다. 때문에 여러 부정적인 심리 상태와 전장공포 등을 극복하기 위해서 조직의 단결, 협동, 전우애와 같은 심리적 기재를 강화해야 한다. 이런 측면에서 전장 스포츠는 일시적이고, 단편적이며 보완적이다.

3 축구를 통해 영원한 우방(友邦)을 얻다

"1천 용사를 잃고, 5천만 한국을 얻었다!" 이 말은 2002년 월드컵에서 3위를 차지했던 터키 언론에서 보도한 내용이다. 터키는 실력에 비해 세계 메이저 대회에선 그리 성적이 좋지 않은 편이다. 1954년 이후 본선 진출은 한일 월드컵이 처음이었다. 한국전쟁 당시 1만 5천 명을 파견한 피를 나눈 형제였기에 관중은 우호적이었고, 더군다나 브라질과의 첫 경기에 주심이 한국인으로 배정된 것도 좋은 징조였다. 경기는 터키의 선제골이 터지면서 출발이 좋았다. 그러나 후반에 동점골을 허용하더니, 경기 종료 전 오심으로 역전패했다. 50년을 기다렸던 월드컵에서 다 잡은 브라질을 믿었던 한국 때문에 놓쳤다는 아쉬움과 실망에 국민들은 분노했다. 코스타리카와 2차전을 무승부로 마치며 벼랑 끝에 선 터키는 중국과 많은 점수 차로 이겨야 했다. 무득점 전패에 몰린 중국이 대규모 응원을 예고한 가운데 첫 경기 오심으로 '형제국 어드벤티지'도 기대하기 어려워 보였다. 드디어 경기는 시작됐고, 예상대로 많은 중국 팬들이 스탠드를 매웠다. 그러나 2만의 '찌아요' 물결은 5만의 형제국 응원에 묻혔고, 경기장 분위기는 터키 쪽으로 기울었다. 중국의 거센 비난과 항의가 예상됐지만, 한국전쟁에서 함께 피를 나눈 형제국 터키를 택한 것은 국민 모두의 뜻이었다. 예상치 못한 한국의 응원에 힘을 얻었는지, 터키 선수들은 대승(3대0)으로 골득실에서 앞

2002년 한일 월드컵 3·4위전의 경기 모습

서 16강 진출에 성공했다. 터키는 일본으로 건너가 4강까지 올랐지만 브라질에 패해 다시 대구로 돌아와 야속하게도 형제국과 3·4위를 가리게 됐다. 다소 편안함 속에 입장한 터키 선수들은 태어나 처음으로 가장 큰 터키 국기와 다른 나라 국민들의 손에 들려진 자신들의 국기를 보며 감동과 충격을 감추지 못했다. 경기는 가장 재미있다는 펠레 스코어(3-2)로 마쳤다. 우리가 실점했을 때도 득점한 만큼의 환호를 보낼 정도로, 양 팀 선수와 응원단 그리고 국민들에게 승패와 순위는 의미가 없었다. 경기를 마친 선수들은 유니폼과 국기를 바꿔 들고, 손을 잡은 채 그라운드를 누볐다. 이날의 터키 선수들의 특별한 감정은 인터뷰에 고스란히 실렸다.

 이 소식은 터키 국민에게도 고스란히 전해졌다. "이런 한국을 위해 우리는 다시 피를 흘릴 각오가 돼 있다. 터키는 1천 용사를 잃었지만 5천만 한국인을 얻었다"며 최고의 찬사를 아끼지 않았다. 이때 두 손에 태극기를 들고 선수들과 함께 했던 귀네슈Senol Günes 감독은 훗날 서울 FC의 감독을 맡는 인연을 이어갔다. 이후 두 나라는 각별하게 가까워졌다. 형제국에 대한 터키의 사랑은 여행객 편익에서부터 방산수출까지 눈에 보일 정도로 특별했다. 군에서도 매년 터키와 친선 축구경기를 포함해 정기 군사교류는 물론 두 나라의 응원교류도 계속됐다. 2006년 월드컵에서는 터키 응원단이 사비를 털어 전세기 2대를 빌려 독일까지 날아와 태극전사의 선전을 함께 응원했고, 2010년 남아공 월드컵을 마친 선수들이 도착한 공항에선 "터키는 한국을 사랑해요"가 적힌 피켓을 든 열성팬도 있었다. 외국인에게서 이런 환대를 받는 나라가 있을까? 없진 않겠지만 많지도 않을 것 같다. 피파에서도 "역사상 가장 멋진 페어플레이 게임 1위"에 올리며, 전 세계에 교육자료로 활용된다고 한다.

[표9] 2002년 월드컵 3·4위 결정전 후 터키 국가대표 축구선수들의 인터뷰

- **투가이** – 지금껏 단 한번도 겪어보지 못했던 감동을 이곳 대한민국에서 겪었다. 세상에서 가장 아름다운 모습을 사랑하는 내 아이의 눈에 담아주고 싶다.
- **스쿠르** – 나뿐만 아니라 우리 선수 모두는 한국인들에게 깊은 감동을 받았다. 이런 감동을 선물해줘서 감사한다.
- **조글루** – 이런 큰 대회의 중요한 경기에서 상대 홈팬들에게 이런 응원을 받는 일은 지금까지는 물론이고, 앞으로도 없을 것이다.
- **만시즈** – 후반전 라커룸을 나올 때, 오늘 경기는 단순한 스포츠가 아님을 느꼈다. 우리는 대한민국 국민들에게 너무나 큰 선물을 받았다. 차라리 결승전에 올라가지 않은 게 다행이란 생각마저 들었다. 월드컵 우승보다 더한 것을 얻고, 더한 감동을 받았다.

4 축구 경기 동안은 조국에 총성은 멎을 것

필자의 다른 책에서 전쟁의 다양한 스펙트럼을 소개한 바 있다. 전쟁에는 대량의 피해를 유발하는 유혈의 군사작전만 있는 게 아니다. 무력을 활용해 '전쟁을 억지抑止'하기도 하고 전후 평화유지나 재건 활동도 중요한 임무다. 그래서 이를 '군사 이외의 작전 MOOTW; Military Operation Other Than War'으로 부른다. 우리 군도 세계 평화와 재건을 위해 노력하고 있는데 축구는 여기서도 빠지지 않는다. 축구를 통해 현지인의 마음을 얻어 세계의 롤 모델이 됐던 '자이툰 부대Zaytun Division' 사례다.

수혜국에서 원조국이 된 우리나라는 2017년 현재, 레바논을 비롯한 14개국에서 부대와 개인 자격으로 약 1,100여 명이 세계 평화를 위해 활동 중에 있다. 분쟁국에 군대를 파병[87]하는 건 무차별 테러나 보복이 뒤따르기 때문에 위험천만하다. 2004년 2월 이라크 파병안이 국회에서 가결된 후, 현지 상황이 급변[88]하면서 우려의 목소리가 높아져 출발 전부터 많은 장애물이 있었다. 이런 분위기를 일소한 건 '축구'였다. 파병이 임박한 4월, 이라크 올림픽대표팀을 초청해 파병부대의 장병과 가족, 국민들이

---

[87] 오늘날 해외 파병군은 단순히 영토를 물리적으로 차지한 점령군이 아니라 그곳에 살고 있는 사람들에 관한 문제를 관장해야 하기 때문에 상당히 까다로운 임무다. 이를 '민사작전民事戰; Civil Affairs Operations'이라 하는데 통상 '평화유지군Peacekeeping Force'이 전담하고, 국가 재건사업은 '지역재건팀PRT; Provisional Reconstruction Team'이 맡는다.

[88] 같은 해 6월에 일어난 故김선일씨 피살사건으로 국내에서는 파병에 부정적인 분위기가 고조됐다.

이라크 올림픽 축구 대표팀 초청 친선경기 장면(사진출처 : 연합뉴스 보도 자료)

지켜보는 가운데 '평화의 축구제전'을 열었다. 파병의 명분과 안전성을 전하기 위해 정부와 군이 마련한 이벤트였다. 승부가 중요치 않았던 이 경기는 평화의 상징 그 자체였다. 당시 이라크 감독의 인터뷰에서 그 의미를 엿볼 수 있다. "한국과의 축구경기가 중계되는 동안은 이라크 전역에서 총성이 멎었을 것이다. 이라크에 하루빨리 평화가 정착돼 한국팀을 초청해 친선경기를 하면 좋겠다."

많은 우여곡절 끝에 파병된 자이툰 사단은 현지 적응이 완성되자, 현지인과 친목활동을 통해 교류를 확대했다. 사물놀이 등 다양한 문화행사 위주로 기획했는데, 축구가 빠질 수 없었다. 같이 살을 맞대고 땀 흘린다는 취지도 있지만, 전운戰運이 감도는 지역에서 축구할 정도로 안전하다는 메시지를 보내기 위한 목적이 더 컸다. 행사 후에는 '희망의 축구공과 축구화'를 나눠주며 어린이 축구교실을 열기도 했다. 이 때문이었을까? 파병 전의 우려와는 달리 단 한 건의 불미스런 사고도 없이 성공적으로 임무를 완수할 수 있었다. 주변에선 이구동성으로 "파병의 일등 공신"이라며 축구의 힘을 실감했다. 당시 이 아이디어를 낸 주인공[89]은 언론과 국회 등을 통해 성금을 조성하고, 약 5천 개의 축구공과 축구화를 현지인에게 나눠 줬다. 그는 "축구공과 축구화는 장황한 설명 없이도 서로의 물리적·심리적 장벽을 허물

[89] 당시 이철원 중령. 육사 축구선수 경력을 가진 육군 장교로 2017년 필리핀 재건지원 파병 기記인 〈아라우의 후예〉를 집필하기도 했다. 필자와는 육사에서 3년 동안 같이 축구를 했다.

이라크 어린이에게 희망을 심어준 희망의 축구공

어 주기에 충분했다. 이후 그들이 먼저 우리에게 다가와 악수를 청하고, 말을 건넸던 건 오롯이 축구 때문이었다"며 "살면서 이보다 보람 있고, 감동적이었던 순간은 없었다"고 당시를 회고했다. 파병부대와 현지인의 축구교류는 이후에도 계속됐고, 정기 행사가 됐다.

    역사상 유명한 전쟁영웅들이 파국을 맞이한 건 현지인의 마음을 얻는 데 실패한 데서 원인을 찾을 수 있다. 군사적 천재성과 열정은 탁월했지만, 힘으로만 점령지 국민들을 이끈다면 파국을 맞이한다는 건 동서고금의 진리다. 2010년 초 아프가니스탄에서 벌어진 도발-응징-보복으로 점철된 일련의 사태[90]는 이를 잘 설명해 준다. '군심軍心'을 얻지 못하면 전쟁戰爭에 나설 수 없고, '민심民心'을 얻지 못하면 천하天下를 논할 수 없다.

---

[90] 2010년 1월, 한 미군 병사가 탈레반의 시신에 소변을 보는 동영상이 공개되면서 곳곳에서 반미 시위가 들끓었다. 이어서 코란 소각(2월), 민간인 17명을 살해(3월), 죽은 시신을 조롱하는 사건(4월)이 이어졌고, 동시다발성 피의 보복(테러)이 시작됐다. 이를 무마하는 데 많은 시간과 노력이 소요됐고, 당초 예정했던 2013년 완전 철군 계획은 무기한 연기됐다. 아프가니스탄은 여전히 전쟁 중이다.

1 축구의 전투성

2 제국 건설은 운동장에서 시작된다(항재전장Ⅱ)
    ① 로마제국
    ② 중세 기사제국
    ③ 오스만제국
    ④ 대영제국

3 전쟁과 스포츠는 쌍둥이

9

이야기를 마치며

1 축구의 전투성

　인간이 만든 가장 진보한 공놀이 축구는 전쟁이다! 선수만 뛰는 경기가 아니라, 온 국민과 세계인이 함께 참여하는 세계전쟁이다. 뿐만 아니라 국가, 정치, 경제, 사회, 문화, 종교, 인종, 폭력 같은 난제는 물론 세계의 모든 것을 빨아들이는 거대한 블랙홀이다. 세계인의 또 다른 언어로써 축구는 이미 스포츠 차원을 넘어 다른 영역과 긴밀하게 연결돼 있다.

　사람들은 축구가 그렇게 삽시간에 폭발적으로 전 세계를 정복하게 된 배경에 축구만이 갖는 독특한 특성이 있다고 생각한다. 학자들의 견해에 따르면, 축구는 일반적으로 '원시성, 단순성, 평등성, 지속성'을 가진 스포츠로 설명된다. 축구는 무엇보다도 문명의 상징인 손을 묶어버려 문자 그대로 속수무책의 탈脫문명적이고, 원시적인 경기(이어령, 2002년)로 생명의 법칙과는 전혀 무관한 치외법권적(알프레드 바알, 2002년)이며 복잡한 세상사로부터 독립된 단순함을 추구한다. 아울러 축구만큼 누구에게나 각자의 특성과 장점을 최대로 발휘할 수 있는 기회가 열려 있는 스포츠도 없다(장원재, 2010년). 일단 시작되면 긴장과 흥분이 계속 증폭돼 경기 내내 관중에게 딴 생각을 할 겨를을 주지 않는다. 정리하면, 지능적인 손의 사용을 금지해 원초적이고, 복잡하지 않고 단순해 뛸 수만 있다면 누구나 참여할 수 있으며, 일단 시작하면 중단 없는 긴장감을 주는 가장 매력적인 스포츠다.

　이들의 관점과 주장에 전적으로 공감한다. 그러나 이 네 가지만으로 축구의 모든 걸 다 설명하기에는 부족해 보인다. 축구는 본질적으로 전쟁을 닮아 폭력적이고 전투적이다. 이에 다소 용어의 거부감은 예상되지만, 이 책 전체를 관통하는 주제이기도 한 '전투성戰鬪性'이 누락됐다는 소견이다.

　앞서 소개한 바와 같이, 세계 축구 강호들은 이런 축구의 본성을 잘 이해하고 있는 것 같다. 고대 그리스와 로마제국으로부터 현대에 이르기까지 전쟁으로 나라의 흥망성쇠가 결정됐던 그들의 피의 역사가 이를 입증해 준다. "아내는 바꿔도 축구팀은 바꿀 수 없다"는 농담을 아무렇지 않게 할 정도면, 태생부터 축구를 잘 할 수밖에 없는 전투적 DNA를 타고 났다고 할 수 있다. 두터운 저변과 인프라도 좋지만, 우월한 신체조건을 바탕으로 한 전쟁을 닮은 축구 스타일도 주목해야 한다. 이는 한두 해에 생길 수 있는 게 아니다. 오랜 세월 동안 수많은 전쟁을 준비하고, 피의 대가로 얻은 버릇 같은 것이다. 한편, 유럽보다 먼저 현대 축구에 가까운 츄슈를 고안해 군사훈련으로 사용했던 중국이 오늘날 세계 축구에서 맥을 못 추는 이유도 이와 관련돼 있다. 시작은 좋았으나 한漢족 흔적 지우기가 츄슈의 전투성에 발목을 잡았다. 그 결과 남성미 넘치는 전투 스포츠가 하루아침에 여성적인 유희가 돼 버렸다. 만약 츄슈가 원래의 모습을 유지해 전수됐다면, 오늘날 세계 축구 지도는 지금과는 완전히 다를 것이라 확신한다. 개인적으로 중국축구의 미래는 시황제의 축구몽을 따르는 정책도 중요하지만, 14억 중국인에게 잠재된 츄슈의 저력에 더 무게를 두고 싶다.

아직 기억에도 생생한 2002년의 월드컵 4강 신화를 이끈 거스 히딩크Guus Hiddink 감독이 취임 후 가진 첫 기자회견에서의 일성一聲은 '체력'이었음을 잊지 말아야 한다. 선수 시절을 돌이켜 보면, 기술은 좋은데 체격과 체력이 부족해 도저히 극복할 수 없는 한계 앞에선 무기력했던 뼈아픈 기억이 많다. 상대와 어느 정도 견줄 수 있는 체격과 체력이 우선이고, 기술은 그 다음이라는 게 개인적인 고집이다. 전쟁이 그렇다. 제한된 시간과 공간에서 먹이가 적으면[91] 약자에겐 다른 무엇이 필요하기 마련이다. 경쟁이 없는 새로운 땅을 개척할 수 없다면 스스로 사냥방식을 바꾸거나 다른 먹이를 찾아야 한다. 요컨대 완전 다른 존재가 되어야 생존이 가능하단 얘기다. 전투적 속성이 강한데 그것을 피하거나 단순한 스포츠의 관점에서 보고 접근하면 스스로 그 한계 안에서 살 수밖에 없을 것이다. 전쟁의 목적은 '생존(to Survive)'이지만, 스포츠는 '즐거움(to Enjoy)'에 있어 본질이 다르다. 그 대표적인 증거인 규범성이 둘을 구분하는 중요한 척도라는 점은 이미 언급한 바 있다. 다음에 소개할 역사에 기록된 여러 제국의 사례는 귀감龜鑑을 삼을 만하다.

---

[91] 러시아 생물학자 '가우스Gauss의 원리(또는 경쟁배타의 원리competitive exclusion principle)'를 참고했다. 두 실험관에 제한된 먹이를 주고 한 쪽은 동종同種, 다른 쪽은 이종異種의 원생동물 여러 마리를 넣고 했던 생존 실험이다. 동종보단 이종이 훨씬 오래 생존했다.

2 제국 건설은 운동장에서 시작된다 (항재전장Ⅱ)

고대 올림픽 종목을 소개하며 고대 그리스 말고도 세계 제국을 건설했던 페르시아와 몽골의 스포츠 사례를 언급한 바 있다. 이들은 공통적으로 "전사에게 필요한 전투기술을 연마하는 전투 스포츠를 고안해 발전시켰는데, 놀랍게도 전쟁방식에 따라 스포츠 종목도 달리 적용했다"는 중요한 사실을 알 수 있었다. 이는 "스포츠를 통해 항상 전쟁터에 있는 것처럼 생각하고 행동하는" 고대 전사들의 '항재전장恒在戰場'의 습관에서 비롯된 것임을 강조했다. 다음은 전투에 필요한 '집단 전투성'을 육성하는 항재전장의 두 번째 이야기다.

❶ 로마제국

군사훈련은 태고부터 지금까지 나아가 먼 미래에도 여전히 해결하지 못하는 이슈가 있다. 흔히들 "연습은 실전같이 하고, 실전은 연습같이 하라"고 하지만, 현실적으로 연습을 실전과 똑같이 할 수는 없는 노릇이다. 전시가 아닌 평시에 훈련 때문에 인명손실과 재산피해를 감수할 수 없기 때문이다. 그러나 필자가 연구한 가운데 가장 실전에 가까운 훈련방법은 로마군에 있었다. 128년에 하드리아누스 황제가 제3군단(Augusta)을 순시할 때, 모의전투Mock Battle를 했다는 기록(로스 코웬Ross Cowan의 저서 〈Roman Legionary AD

69-161)를 참고해 재작성했다)이 남아 있다. 이 훈련은 "대략 500명의 보병이 주축을 이루고, 필요시 기병(30명), 상군(20명)이 한 팀을 이루어 다른 팀과 겨뤘다.(한왕택, 2005)" 그런가 하면, 경기장에 수로를 연결해 물을 채워 대규모 해상 모의전투 나우마키아Naumachia를 하기도 했다. 통상 하는 일방훈련이나 대항군을 활용한 훈련이 아니라 피아를 나눠 쌍방으로 훈련했다는 건 중요한 의미를 갖는다. 게다가 나우마키아는 노예까지 동원해 실전과 똑같이 했기 때문에 많은 사상자가 발생했다. 로마군이 얼마나 실전을 강조했는지 엿볼 수 있는 대목이다. 그러나 로마군도 모의전투에 의한 많은 손실을 감수하기 어려웠고, 이를 대체할 방법으로 축구를 택했다는 추정은 상당히 설득력이 있어 보인다. 이런 차원에서 축구는 유혈과 대량피해의 전투를 대신하는 장기나 체스 같은 전투모의(시

로마의 원형경기장에서 벌어진 해상전투 나우마키아

뮬레이션) 스포츠다. 군에서 축구를 즐겨 하는 또는 즐겨 해야 하는 이유다.

❷ 중세 기사제국

중세 '말 탄 기사'의 시대의 스포츠는 '토너먼트Tounament'가 유행했다. 기사는 봉건 영주에겐 힘의 원천이었지만, '돈 먹는 하마'였기 때문에 전신을 주철로 만든 무거운 갑주를 입게 하고 심지어 말에게도 입혔다. 그러다보니 보호 장구를 철저히 갖춘 일대일의 마상 창 시합 '쥬스팅Jousting'이 유행하게 됐다. 그러나 결투로 전쟁을 대신할 수는 없었기 때문에 집단전투 상황을 상정한 경기종목도 필요했다. 기사 여러 명이 참가하는 경기로 말을 타고 하는 '멜레Melee'와 말을 타지 않고 하는 '토니Tourney'가 나온 배경이다. 가급적 전쟁을 피했던 중세에도 집단 모의전투 스포츠는 계

중세 토너먼트 멜레의 경기 모습

속됐다. 그러나 스포츠 규칙 면에서는 많은 변화가 있었다. 고대 스포츠에선 굳이 규칙이 필요 없는 전투 스타일의 경기가 보편적이었지만, 고비용의 기사를 잃지 않기 위해선 구체적이고 세세한 규칙이 필요했다. 이와 비례해 기사의 창은 무뎌지고, 갑옷은 더 두꺼워졌으며 투구의 시야는 더 좁아졌다. 전투복장을 갖추고 하지만 이전만큼 위험하지 않았고, 전투기술로 승부를 겨루지만 '기사도騎士道(Chivalry)' 정신에 따라 정당하게 싸웠다면 패배마저도 인정됐다. 비로소 고대의 전투 영역에서 벗어나 현대에 통용되는 스포츠 개념과 정신이 싹트는 계기가 됐다.

❸ 오스만제국

오스만 튀르크Osman Türk는 페르시아 멸망 이후, 근대에 들어 유라시아의 새 주인이 됐다. 지금으로부터 약 500년 전 역시 오스만 제국을 건설한 전통의 스포츠가 있었다. 물론 오스만군의 전투 방식을 반영한 스포츠다. 당시 오스만은 기병이 주력이었기 때문에 기병전투를 재현한 스포츠 '지리트Cirit'를 고안해, 다른 제국과 마찬가지로 군사훈련 종목으로 활용했다. 두 패로 나뉘어 말을 타고 창으로 무장한 채 벌이는 경기 모습은 한 가지만 빼면 긴박한 기마전투騎馬戰鬪 그 자체였다. 평상시 하는 훈련이기 때문에 부상 방지를 위해 뾰족한 창끝을 뭉툭하게 만들었고, 창을 던져 맞는 부위에 따라 차등 부여된 점수를 합산해 승부를 결정했다. 요컨대 오스만은 지리트을 통해 집단 전투기술을 훈련해 대제국을 건설할 수 있었다. 전투 스포츠라 해서 군에서만 했던 나라는 없는 것처럼 오스

황제가 지켜보는 가운데 열린 지리트 경기 장면

만 역시 지리트를 전 국가 차원에서 정책적으로 장려해 한때 가장 인기 있는 스포츠가 됐다. 오늘날 수많은 스포츠와 레저가 차고 넘치지만, 터키에선 매년 지역별로 예선과 본선을 치르는 지리트의 전통을 고수하고 있다. 원래 지리트는 과거 터키의 전통 '창'의 이름으로 오늘날 백발백중을 자랑하는 터키군의 미사일 이름이기도 하다.

❹ 대영제국

영국은 현대 스포츠, 특히 단체종목의 산파다. 축구나 럭비를 비롯해 크리켓, 테니스, 배구 등 대부분의 현대 스포츠는 모두 영국이 고향이다. 여기엔 18세기 영국 사립학교의 역할이 중요했다. 일찍이 청소년들에게 집단이 참여하는 경쟁적 신체활동의 가치에 주목한 학교는 학업과 함께 단체 스포츠를 강조했다. 자율적 개인은 잠시 접어 두고, 단체정신, 리더십, 책임감 등 선진시민으로서 필요한 규범을 배우고, 도전정신과 승리하는 방법을 체득한다. 한마디로 단체 스포츠를 통해 미래 지도자 양성에 힘썼다는 얘기다. 이것이 해가 지지 않는 대영제국의 초석이 되었음은 의심의 여지도 없다.

이를 뒷받침하는 유명한 일화가 있다. 1815년 워털루에서 나폴레옹을 영원히 유배시킨 웰링턴Arthur Wellesley Wellington 장군이 모교[92]를 방문해 후배들에게 했던 말이다. "워털루 전투의 승리는 전장이 아니라, 이튼의 운동장에서 얻어진 것이다.(The Battle of Waterloo was won on the playing fields of Eton.)" 실제 학교에선 학

[92] 이튼칼리지Eton College. 1440년 헨리 6세가 런던 근교 버크셔주에 설립한 영국의 명문 사립학교로 전교생(1,300명)은 모두 남학생이다. 캐머런을 포함해 19명의 총리를 배출했고, 윌리엄 왕세손과 해리 왕자, 조지오웰, 케인스도 이 학교 출신이다. 매년 졸업생의 1/3 정도가 옥스퍼드케임브리지에 진학한다. 명실상부한 영국의 지도자와 건전한 시민을 배출하는 명문이다.

이튼 칼리지 홈페이지에 실린 사진

업과 단체체육에 큰 비중을 두고 있다. 전교생은 의무적으로 체육 수업을 듣고, 주말이면 단체경기에 함께 해야 한다. 이런 전통을 통해, "성공하는 삶보단 나라와 사회가 힘들고 어려울 때 가장 선두에 설 수 있는 인재 양성에 주력한다"는 게 확고한 교육 철학이다. 학생들에겐 학교가 배출한 유명인사와 함께 "세계대전에 참전해 전사한 2,000여 명의 선배 이야기"를 빼지 않고 들려준다. 웰링턴이 강조한 '이튼 정신Eton Spirit'이다.

그리스, 로마, 칭기즈칸, 오스만튀르크, 영국 등 역사의 모든 대제국들은 일찍이 스포츠의 중요성을 인식해 많은 투자를 아끼지 않았던 스포츠 강국이다. 역대 올림픽 같은 빅 이벤트의 성적은 이를 잘 설명해 주는 지표다. 하계 대회는 미국, 러시아, 영국·프랑스·독일·중국이 우승했고, 동계 대회는 러시아, 노르웨이, 독일, 미국·캐나다·스웨덴이 강국으로 꼽힌다. 한 눈에 봐도 한때 또는 현재 세계의 강대국이다. 이들은 공통적으로 경제대국이고, 문화선진국이면서 동시에 군사강국이다. 스포츠는 국력國力을 설명하는 지표다.

[표10] 역대 올림픽 종합 성적(괄호 한 숫자는 종합우승 횟수)

구분	1위	2위	3위	4위
하계	미국(17)	러시아(7)	영국 프랑스 독일 중국(1)	-
동계	러시아(9)	노르웨이(8)	독일(4)	미국 캐나다 스웨덴(1)

※ 러시아 : 구소련 포함, 독일 : 구동독 포함

3 전쟁과 스포츠는 쌍둥이

고대 올림픽에선 개인 전투기술을 위한 종목만 있고, 집단 전투 기술을 훈련하기 위한 종목의 흔적은 찾을 수 없었다. 그렇다면 나머지 반쪽은 어디서 찾을까? 이 미완의 주제에 대한 단초는 바로 '축구'에 있었다. 고대 올림픽에 축구의 모습은 찾을 수 없었지만, 이미 같은 시기에 스파르타와 아테네를 중심으로 필수 군사훈련이 되었다. 이후 로마 군단이 제국을 확장하면서 유럽 전역에 전파함으로써 범汎유로 스포츠가 됐다. 비로소 전장에서 필요한 개인과 집단의 전투성이 스포츠를 통해 완성됐음을 확인할 수 있었다.

결국 "모든 스포츠는 전쟁에서 유래했거나, 전쟁과 깊은 연관성을 가지고 있다"는 필자의 '전쟁 기원설'은 옳았다. 고대 올림픽 종목은 전장에서 전사에게 요구되는 개인 전투기술을 증진시키고, 실전에서 유래한 '마라톤Marathon'과 '스파르타슬론Spartathlon'은 명령을 전달하는 전령傳令의 역량을 배가시켰다. 올림픽에 부족한 집단 전투성은 군대 스포츠로 시작된 거친 축구Ball Battle를 통해 채워졌다. 상대 진영을 향해 공을 들고 또는 차면서 최후 방어선(엔드라인)을 돌파하는 전투방식이 스포츠로 행해졌다. 군대와 군인이 끼어들어 더욱 증폭된 전투성 때문에 많은 부상자와 사망자가 발생하고, 갖은 탄압으로 500년을 버티면서, 한때 '보기 흉한Unseemly 스포츠[93]'에서 가장 '아름다운Beautiful 스포츠[94]'가 됐다. 잉글랜드의 선술집에서 시작된 현대 축구가 불과 한 세기 만에 세계를 정복했다는 건 인류사 가운데 가장 주목할 만하다. 이 대사건은 축구가 그저 그런 스포츠가 아니라, 축구가 아니면 죽고 못 사는 전쟁 스포츠에 뿌리를 두고 있기 때문에 가능했던 일이다. 축구 방식Way of Football이 숙명적으로 목숨 건 전쟁방식Way of War을 닮을 수밖에 없는 이유다. 로마 제국의 건설이 로마군의 훈련장에서 시작됐고, 워털루의 승리가 이튼의 운동장에서 비롯됐다면, 그건 분명 '축구'라고 확신한다.

93) 1287년 엑시터Exeter에서 금지령을 선포하면서 축구에 내린 정의였다.

94) 축구 황제 펠레의 주장('아름다운 게임Beautiful Game')을 참고했다.

이제 스포츠와 전투의 상관관계를 설명하는 마지막 퍼즐을 완성하고자 한다. 아래 표는 필자의 다른 책 〈모든 스포츠는 전쟁에서 나왔다(2014)〉에서 제시한 것으로 오른쪽 마지막에 집단 전투 종목을 추가했다. 전사로 태어나 전쟁이 일상이던 '호모워리어스Homo Warriors'는 최소 2,500년 동안 축구의 전투성을 즐겨 오다, 불과

[표11] 전투기술 연마에 필요한 스포츠 종목

구분	개인				집단
전투 기술	전장이동	원거리·공성 전투	근접전투	종합전투	집단전투
고대 스포츠	달리기 전차경주 경마 무장달리기	창던지기 원반던지기 멀리뛰기	권투 레슬링 판크라티온	고대5종경기	집단축구
현대 스포츠	육상트랙경기 마라톤 마장마술 수영 조정 스키 스케이팅 썰매	원반던지기 창던지기 멀리뛰기 높이뛰기 장대뛰기 양궁 사격	권투 레슬링 격투기 무도(유도·태권도) 펜싱	근대5종경기 7종경기 10종경기 바이애슬런	축구 럭비 미식축구 아이스하키

이야기를 마치며 263

150년 전에 비로소 축구를 스포츠 영역에 양보했다. 오늘날 세계에서 가장 인기 있는 스포츠라는 이면에는 오랜 기간 전쟁과 공진화한 투쟁적 역사가 숨어 있음을 부정할 수 없다. 거친 더비와 광팬들의 충돌, 경기장 폭력과 참사, 유니폼 마케팅 등 축구로 벌어지는 모든 게 전쟁이다. 오늘날 축구를 보는 시각은 수면 위에 노출된 빙산만을 보고 있는 것 같다. 수천 년 동안 만들어진 수면 아래의 모습을 모르고선 축구의 전체 모습을 그릴 수는 없다.

전쟁과 공진화한 스포츠의 전투성을 마무리하며 드는 생각은 "모든 스포츠는 전쟁에서 태어났다"는 것이다. 만약 표현이 좀 서툴러 거북하다면 "스포츠는 전쟁과 쌍둥이로 태어났다"는 표현을 제안해 본다. 그러나 어떤 표현을 사용하는가와 상관없이 전쟁과 스포츠의 밀접한 관련성만큼은 부정할 수 없다. 그리스가 지중해의 패권을 차지할 수 있었던 건 고대 올림픽에서 갑옷을 입고 무거운 방패를 들고 달리는 경기가 있었기 때문이고, 또한 로마가 전쟁으로 대제국 건설에 성공할 수 있었던 건 정책적으로 장려한 전투 스포츠의 덕임을 기억하자. 그 결과 오늘을 사는 우리는 스포츠를 통해 피 튀기는 전쟁을 경험하면서 전쟁 같은 삶을 이어가고 있다.

필자는 스포츠에 전쟁이라는 잣대를 들이대 스포츠의 전투성을 규명하는 데 주력했다. 고대 올림픽 종목을 소개하면서 밝힌 바와 같이 스포츠는 전장의 필요에 의해 태어나 본질적으로 투쟁적이고, 공동 운명체적 동질감을 가진 민족주의 성격이 강한 영역이다. 따라서 모든 스포츠 종목의 경기장은 온통 전쟁의 흔적으로 넘쳐 난다. 그러나 특별히 스포츠의 반전쟁反戰爭적 속성 즉 '전쟁 종결자로서 축구' 사례를 별도 제목으로 소개한 건 스포츠(축구)의 미래를 위한 것이다. 비록 전쟁에서 태어났지만, 무력으론 절대 엄두도 못 내는 세상을 바꾸는 일을 축구는 아무렇지 않게 해낸다. 우선 전쟁과 함께 했던 역사적 고찰을 통해 스포츠의 본질을 잘 살펴 '늘 전장에 있는 마음(항재전장恒在戰場)으로 전시를 대비'하되, 책머리에 밝힌 '창戈 쓸 일을 없도록止 하는 무武의 본분'에 충실해야 한다. 나아가 한일 월드컵에서 경험한 바와 같이, 스포츠(축구)를 통해 처절한 대결보다는 건전한 경쟁을, 갈등과 대립보다는 화해와 통합을 달성함으로써 '전쟁 종결자' 역할을 다해주길 기대한다.

이제 전쟁을 통해 스포츠를 보고, 스포츠를 통해 전쟁을 이해하는 관점이 생겼다면 이보다 더한 기쁨은 없다. 당신은 전쟁과 스포츠에 관심이 없을지 모르지만, 전쟁과 스포츠는 당신에게 아주 관심이 많음을 가슴에 새겨 두자!

참고서지

1. 모든 스포츠는 전쟁에서 나왔다(윤동일, 2014)
2. 경기규칙(FIFA, 대한민국축구협회 역, 2017)
3. 월드컵 축구 엠블럼 사전(류청, 2016)
4. 축구전쟁 세계의 더비 이야기(최순찬, 2014)
5. 세계 최고의 축구전쟁, 엘 클라시코의 역사(MBC, 2014)
6. 유럽 축구 엠블럼 사전(류청, 2014)
7. The Ball(John Fox, 김재성 역, 2013)
8. 엘 클라시코의 모든 것(한준, 2013)
9. 참사(이준석, 2013)
10. 축구는 문화다(홍대선·손영래, 2010)
11. 끝나지 않는 축구 이야기(장원재, 2010)
12. 소통과 남아공월드컵(삼성경제연구소, 2010)
13. 축구란 무엇인가(크리스토프 바우젠바인, 김태희 역, 2010)
    * GEHEIMNIS FUSSBALL (2006)
14. 스포츠의 출현, 진화, 쇠퇴 과정 탐색(최성환, 2010)
15. 인문학적 축구수업을 위한 에피소드 개발(김성태, 2010)
16. 참호에 갇힌 제1차 세계대전(존 엘리스, 정병선 역, 2009)
    * Eye Deep In Hell: Trench Warfare in World War(John Ellis, 1989)
17. 역사로 읽는 스포츠(이학준·김영선, 2008)
18. 체육과 스포츠의 역사(하남길, 2008)
19. 중세기사와 토너먼트(김복희, 2008)
20. 부의 미래(앨빈토플러·하이디토플러, 김중웅 역, 2006)
    * Revolutionary Wealth(Alvin Toffler and Heidi Toffler, 2006)
21. 중세 기사체육의 교육적 의미 탐색(조준호, 2006)
22. 서양 고대 전쟁사 박물관(J. Warry, 임웅 역, 2006)
    * Warfare in the Classical World- War and Ancient Civilizations of Greece and Rome(1976)
23. 체육·스포츠의 역사(한왕택, 2005)
24. 붉은악마와 월드컵(이순형, 2005)
25. 우리는 지구촌 시민-축구로 배우는 국제이해교육(유네스코 아시아·태평양 국제이해교육원, 2004)

26. 문장으로 보는 유럽사(하마모토 다카시, 박재현 역, 2004)
27. 한국축구 100년사(대한축구협회, 2003)
28. 붉은악마의 라이프스타일과 참여동기에 관한 연구(조은영, 2002)
29. 스포츠매니아의 확산과정에 관한 연구-축구매니아를 중심으로(김석희, 2002)
30. 가죽공이 만드는 신화(이어령, 2002)
31. 손자병법의 스포츠에로의 적용 가능성 탐색(나영일·이동철, 2000)
32. 손자병법(손자, 김광수 역, 1999)
33. 축구의 역사(알프레드 바알, 지현 역, 1999)
34. 전쟁론(사를 폰 클레우제비치, 류제승 역, 1998)
35. 체육사(조명렬·노희덕·나영일, 1997)
36. 밀리터리 커스튬(Military Costum)의 형성과정에 대한 고찰 -고대국가를 중심으로(김난희, 1996)
37. 전쟁과 반전쟁(앨빈 토플러, 이규행 역, 1994)
    * War and Anti-war(Alvin Toffler and Heidi Toffler, 1993)
38. 로마인 이야기(시오노 나나미, 김석희 역, 1992~2006)
39. 로마제국 쇠망사(에드워드 기븐, 김영진 역, 1990)
    * The History of the Decline and Fall of the Roman Empire(Edward Gibbon, 1776~1789)
40. 군사이론연구(육군교육사령부, 1987)
41. Television Audience Report for the 2014 FIFA World Cup(2014)
42. Roman Legionary AD 69-161(Ross Cowan, 2013)
43. Sport in Greece and Rome(Harold Arthur Harris, 1972)
44. http://www.fifa.com/
45. http://kfa.or.kr/
46. http://soccerrefereeusa.com/index.php/history-of-soccer#_ednref7
47. http://www.youtube.com/watch?v=KZG6h8SC6d4
48. http://m.zum.com/news/sports/14849141
49. http://tagsrc.com/parkjooho
50. http://historylink101.com/2/Rome/roman-army-formations.htm
51. http://m.kfa.or.kr/news/news_view.asp?tb_name=column_gisa&g_gubun=2&g_idx=163&page=24
52. http://www.schnittberichte.com/svds.php?Page=Titel&ID=3030
53. http://tvpot.daum.net/v/qWSTT6bsg8k$
54. http://blog.naver.com/PostView.nhn?blogId=peece51&logNo=140169810153
55. http://www.absolutechinatours.com/china-travel/chinese-ancient-football-cuju.html

56. http://sbsespn.sbs.co.kr/news/news_content.jsp?article_id=S10004899797기성용
57. WILD IN THE STREETS
    :http://www.wesclark.com/rrr/wild_in_the_streets.html
58. http://www.shrovetide.net/
59. https://www.bigginhall.co.uk/things-to-do/royal-shrovetide-football.html
60. Winchelsea's Streete Game
    :http://www.winchelsea.net/community/game.htm
61. Winchelsea's Streete Game
62. The Tudors - Entertainment
    :http://www.historyonthenet.com/Tudors/entertainment.htm
63. Kick the Frenchman's Head (a game played in Winchelsea every Boxing Day)
    :www.youtube.com/embed/it9Yx-CCOLg?feature=player_embedded
64. http://whs.inha.ac.kr/~ssyim/book/book3.htm
65. http://www.formerdays.com/2012/03/wartime-sports.html
66. http://www.telegraph.co.uk/history/9763539/Britons-started-WW1-Christmas-football-match-with-ball-kicked-from-trench.html
67. http://www.theguardian.com/world/2013/feb/08/first-world-war-kickabout-replayed-centenary
68. http://www.worldwar1postcards.com/christmas-postcards.php
69. http://samsungtomorrow.com/%EC%82%BC%EC%84%B1-%EC%BB%A4%EB%B
70. http://social.lge.co.kr/lg_story/the_blog/product/ultrahd_tv_soccer/
71. http://myjuventus.net/31-scudetto-photos-from-juve-stadium/
72. http://kr.burberry.com/?wt.srch=1&gclid=CJD7k5O3yL4CFVglvAodTqEAsw&gclsrc=aw.ds
73. http://gavincorder.blogspot.kr/2005/11/600-glorious-years-of-beastlie-furie.html
74. http://paangel.tistory.com/201
75. http://mnd-policy.tistory.com/m/post/247
76. http://www.senpress.co.kr/news/articleView.html?idxno=682
77. http://blog.naver.com/PostView.nhn?blogId=hoiush&logNo=20001670570&redirect=Dlog&widgetTypeCall=true
78. http://www.youtube.com/watch?v=sB0zxstF2Yc
79. http://stat.nabo.go.kr/(국회 통계)
80. 기타 : 백과사전, 군사용어사전, 군사교범, 주요 보도자료(국방일보 포함)

호모 워리어스 시리즈 소개
HOMO WARRIORS SERIES

호모 워리어스 시리즈 I

모든 스포츠는 전쟁에서 나왔다
윤동일 지음

3,000년 전 모든 그리스인들은 2년 또는 4년마다 열리는 종교 제전에 참가해야 할 의무가 있었다. 수호신을 숭배하거나 전사자를 위한 제전·추모경기의 일부로 시작했던 대형 이벤트가 오늘날 우리가 잘 아는 올림픽과 스포츠의 기원이다. 달리기, 창·원반던지기, 멀리뛰기, 레슬링, 권투, 5종경기 등은 모두 익숙한 종목이지만 당시의 경기 모습은 지금과는 완전히 딴 판이다. 가죽 끈을 이용해 창을 던지고, 방패도 던졌으며 양손에 돌을 들고 멀리뛰기를 했다. 권투에선 왼손은 방어에만 쓰고 타격은 오른손만 가능했으며 핵심 다섯 종목을 거뤄 우승자를 가렸다. 그런가 하면, 당시엔 모두가 발가벗은 채 경기를 했지만, 유독 군장을 착용하고 창과 방패를 든 중장보병의 달리기가 제전의 마지막을 장식했다. 왜 이렇게 했던 것일까? 한편 정식종목은 아니었지만, 도시 간 긴급한 전문이나 부대 간 명령을 전하는 전령 경기도 있었다. 지원군 요청을 위해 아테네서 스파르타에 이르는 거리를 달리는 스파르타슬론과 전투 승전보와 장군의 메시지를 전하기 위해 가장 빠른 전령이 전력을 다해 위기의 조국을 구했던 마라톤은 전투에서 유래한 실전적 경기다. 방대한 사료와 연구를 통해 저자는 "제전경기를 중심으로 한 고대 스포츠는 곧 나라의 생존을 지키기 위해 전시 필요한 전투기술을 평시 숙달할 수 있도록 고안된 군사훈련"이란 결론에 도달했다. 역사에 세계 제국을 건설했던 페르시아와 몽골 제국의 민속경기 종목이 그들의 전쟁 방식과 어떻게 연결되는지를 확인해 보기를 권한다. 그리하여 역설적이게도 "모든 스포츠는 전쟁에서 유래한 군인들의 군사훈련"이란 기존의 통념을 뒤집는 주장을 내놓는다. 조금 거북하다면, "스포츠와 전쟁은 쌍둥이" 정도로 이해해도 무난하다.

호모 워리어스 시리즈 Ⅱ

축구 전쟁

윤동일 지음

"전쟁에서 스포츠가 나왔다"지만 올림픽만으론 스포츠의 전투성을 모두 충족할 수 없다. 올림픽은 분명 전사의 개인전투기술을 숙달하는 데 유용하지만, 집단전투를 기본으로 하는 그리스 전투방식을 충족하진 못했다. 이 해답은 바로 축구에 있었다. 이를 위해선 고작 영국 산업화 이후 정도가 아니라 기원전까지 거슬러 올라가 축구의 뿌리부터 살펴야 한다. 시계를 최소 2,500년 전으로 돌려 고대 그리스와 중국에서부터 발로 하는 경기가 있었다는 데 주목하고, 공교롭게도 정식 군사훈련으로 했다는 사실을 발견했다. 고대 그리스의 공놀이 에피스키로스가 로마를 거쳐 거친 군대축구 하르파스툼으로 유럽 전체에 전파돼 칼치오, 술, 슈로브타이드 풋볼 같은 중세 집단축구로 발전됐다. 한편 전국시대에 처음 시작한 '츄슈'는 한나라에서 기틀을 마련하고 당·송에 이르러 군대축구로 발전해 절정의 인기를 누리는 과정에서 한반도와 일본에 전해져 축국과 게마리가 됐다. 현대 축구의 곳곳에 전쟁과 공진화한 다양한 흔적을 남겼다. 조국을 지키고 적을 무찌른 전사의 후예들이 격돌하는 경기장은 온통 전쟁터다. 100년 넘은 가친 더비, 12번째 선수 서포터와 참사는 물론이고 군복을 흉내 낸 유니폼, 방패를 모방한 엠블럼, 심지어 축구화까지 다 전쟁이다. 스폰서십을 가진 후원사나 기업들의 보이지 않는 장외경기도 축구전쟁의 일부다. 축구가 전쟁을 일으키고, 종식시키기도 했다. 일제와 한국전쟁을 거친 우리 축구에서 경평전, 연보전, 양지팀, 삼사체전으로 이어지는 계보는 오늘의 대한민국을 이끌었다. 올림픽이 전사양성 종목이라면, 축구는 부대훈련 종목이다. 로마제국은 훈련장에서, 대영제국은 이튼의 운동장에서 시작됐다면, 그건 분명 축구라고 확신하는 다양한 증거를 확인해 보시라. 무력전쟁은 줄었지만, 보이지 않는 문화전쟁은 더욱 심한 가운데 그 한 축에 축구가 있다.

호모 워리어스 시리즈 Ⅲ

프로마코스
(앞장서서 싸워 전투를 승리로 이끄는 고대 상징)
(발간 예정)

윤동일 지음

오늘날 세계는 무수히 많은 기호와 상징으로 가득하다. 세계 어디를 가도 그 유래와 의미를 알기 어려운 암호를 만나게 된다. 고성·교회·관공서에도, 광장·직장·학교 심지어 가정에서도 쓴다. 개다가 옷, 가구, 맥주 등 일상의 소소한 모든 것에 빠지지 않는다. 기원전 15,000년 전 프랑스와 스페인 동굴에 남긴 이래 지금까지 그 궤적을 따라가 보는 건 매우 의미 있는 일이다. 이야기는 상징의 가장 대표적인 형태인 문장이 전쟁에서 유래됐다는 조금은 충격적인 주장에서 시작한다. 그러나 학술적으로 정의된 이전의 뿌리부터 살펴야 한다. 통상 가장 오랜 상징의 흔적은 고대 그리스에서 둥근 방패(호프론)를 든 전사를 뜻하는 중장보병들의 방패에서 찾을 수 있다. 도시국가마다 고유의 문양을 방패에 새겼는데 그 형태가 수호신, 영웅, 괴물, 기호나 모노로그, 동물 등 다양하다. 그리스를 계승한 로마는 방패에 추가해 깃발에도 다양한 이미지와 슬로건을 새겨 사용했는데 그리스에 뒤지지 않는다. 로마 신들의 축복을 받으며 팍스로마나 열었던 아우구스투스 황제의 업적을 칭송하는 갑옷의 이미지는 상징의 끝판왕이다. 오랜 연구 결과 이 모든 게 하나를 가리키고 있다. 전쟁에서 수호와 생존 그리고 전쟁에서 승리다. 굳이 추가하자면 과시도 있다. 고대 상징화의 절정은 전쟁의 신 아테나와 관련된 메두사와 파르테논 신전에서 찾아볼 수 있는데 고대부터 현대까지 서양 상징의 근간을 형성해 왔다. 특히, 메두사는 육해공 괴물의 집합체로 전쟁에서부터 장군의 갑옷, 건축, 미술, 음료 등 다양한 분야에서 애용되는 단골 이미지가 됐다. 이들은 모두 앞장서서 싸우는 자 '프로마코스'다. 전쟁이 만든 문장이 모든 현대 상징의 뿌리가 됐다.